CÓMO SOBREVIVIR A...

LA HISTORIA DE ESPAÑA

© 2025 Grupo Edebé

Paseo de San Juan Bosco, 62

08017 Barcelona, España

© Del texto y las ilustraciones: Juan de Aragón, 2025

Representado por Tormenta

www.tormentalibros.com

Asesor histórico: Juan Luis Martínez de la Fuente, historiador especializado en Edad Contemporánea

Dirección editorial de Publicaciones no ficción: Marta Sans

Editora: Claudia Sabater

Primera edición: noviembre de 2025

Impreso en España – *Printed in Spain*

ISBN: 978-84-683-7749-0

Depósito legal: B. 8191-2025

CÓMO SOBREVIVIR A...

LA HISTORIA DE ESPAÑA

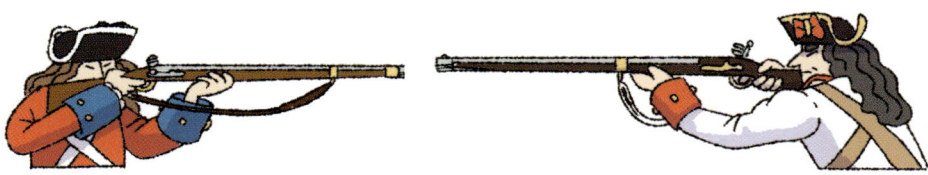

La guía de supervivencia de **El Fisgón Histórico**

edebé

Índice

¡Ven a la historia de España!

9

Pero cuidado con la época que escoges, no vayas a caer en medio de una batalla entre musulmanes y cristianos o en un barco lleno de marineros con escorbuto...

Capítulo I: De la prehistoria a la Edad Antigua

15

La península Ibérica está habitada desde hace más de un millón de años... ¡Y eso es mucho tiempo! Desde la caza de los mamuts hasta la llegada y caída de Roma, te enfrentarás a muchos peligros. ¡Cuidado con los invasores!

Capítulo II: La Edad Media

39

Este fue un período de grandes expresiones culturales... ¡y luchas! Los califas musulmanes y los reyes cristianos se estuvieron peleando durante siglos. Y si a eso le añadimos puñaladas por la espalda entre aspirantes al trono...

Capítulo III: La Edad Moderna 67

La llegada de Colón a América marcó un antes y después en el reino de España. Supuso muchas riquezas, pero también enfermedades raras, crueldad... Por no hablar de las guerras con otros reinos europeos (y las propias desventuras de la familia real). Menudo cuadro (y no solo *Las meninas* de Velázquez).

Capítulo IV: La Edad Contemporánea 97

Desde el siglo XVIII hasta hoy han pasado muchas cosas: desde invasiones francesas hasta dictaduras militares. Prepárate, porque vienen curvas.

Capítulo V: Nuestro legado en el mundo 135

Nuestra tierra ha atestiguado el nacimiento de grandes exploradores, pensadores y artistas que han cambiado el mundo. ¿Los conoces a todos?

¡Ven a la historia de España!

¿Has soñado alguna vez con viajar al pasado? Entonces, vivir la historia de España te va a encantar. Podrás luchar junto con las valerosas tribus que resistieron a los romanos, asombrarte con las grandes obras que se construyeron durante el Imperio, convertirte en un sabio durante la época árabe, acompañar al Cid en sus aventuras o conquistar un nuevo mundo surcando los mares. ¡Prepara tu espada!

Grandeza, oro y gloria. ¡Todo esto y más te espera en la historia de España!

Todo esto suena muy **épico**, pero no te dejes engañar por los tópicos y las leyendas: nuestra historia no es ni blanca ni negra, y está llena de acontecimientos que pueden ser interpretados desde muchos puntos de vista.

A MÍ ESTO ME PARECE BIEN.

¡ESTO ES UNA BARBARIDAD!

La realidad es que España, como muchos otros países, tiene una historia muy larga y compleja, en la que ha **SUFRIDO** invasiones, revoluciones, guerras, hambrunas y catástrofes por un tubo. Sí, tiene una **gran riqueza natural**, y una diversidad cultural que ya quisieran otros, ¡pero tendrás que aprender muchos trucos para poder sobrevivir!

Ten cuidado: lo que hoy conocemos como España no siempre existió como tal. ¡Hay muchos **ENTRESIJOS**!

Para empezar, es importante diferenciar **país** y **territorio**. Porque no, ¡no son lo mismo! El país actual es el **reino de España**, y su territorio se compone de la península Ibérica (excepto Portugal), las islas Baleares, las islas Canarias y algunas zonas del norte del continente africano. No obstante, a lo largo de la historia se han establecido en estas zonas distintas tribus, provincias, reinos, imperios... que les han dado nombres distintos.

Piensa, por ejemplo, en la península. En la Antigüedad, los íberos y los griegos la llamaban **Iberia**, los fenicios la llamaban **I-span-ya**, y los romanos, inspirados por este último nombre, la llamaron **Hispania**, tras **INVADIRLA** y convertirla en parte de su Imperio. Esta era la primera vez que todos los pueblos de la península Ibérica quedaban agrupados, gobernados por una única civilización. Aunque cada pueblo era distinto y respondió a su manera a la influencia romana, se acostumbraron a formar parte de Hispania. Y, cuando esta cayó ante los invasores visigodos, dichos invasores siguieron el ejemplo romano y unificaron toda la península en **un solo reino**.

Pero ay, amigos y amigas, la historia jamás se detiene. Cuando los musulmanes invadieron la península, llamaron a sus dominios

Al-Ándalus y, así, el territorio quedó dividido en dos culturas: la hispana cristiana y la hispana musulmana, ambas con sus costumbres, religión, tradiciones... Y es que muchas veces las identidades surgen de la **CONFRONTACIÓN** con el otro, en este caso el islam. Sin embargo, tras siglos de lucha, los cristianos vencieron a los musulmanes y, con el paso del tiempo, surgió la idea de España como reino. Así se fue forjando una identidad española con características propias, hasta que en el siglo xix apareció el concepto de los **Estados-nación**, el modelo que hoy en día es el más común: países que consideran que tienen una identidad cultural y social propia, muy similar en todo su territorio.

Pero ojo: en el caso español, y sobre todo a partir de **1898**, el concepto de nación española se ha puesto en entredicho, generando **TENSIONES** entre la capital y los territorios con **lenguas y culturas distintas** (principalmente, Cataluña y País Vasco). ¿Existe una sola forma de ser español? ¿Existe España o más bien las Españas? Este es un debate que sigue vigente y que tiene distintas respuestas para distintas personas.

¿MUCHO LÍO? NO TE PREOCUPES. ¡ENSEGUIDA TE ACLARARÁS CON TODO ESTO!

SI LOGRAS SOBREVIVIR, CLARO.

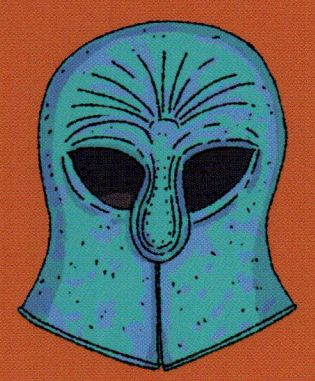

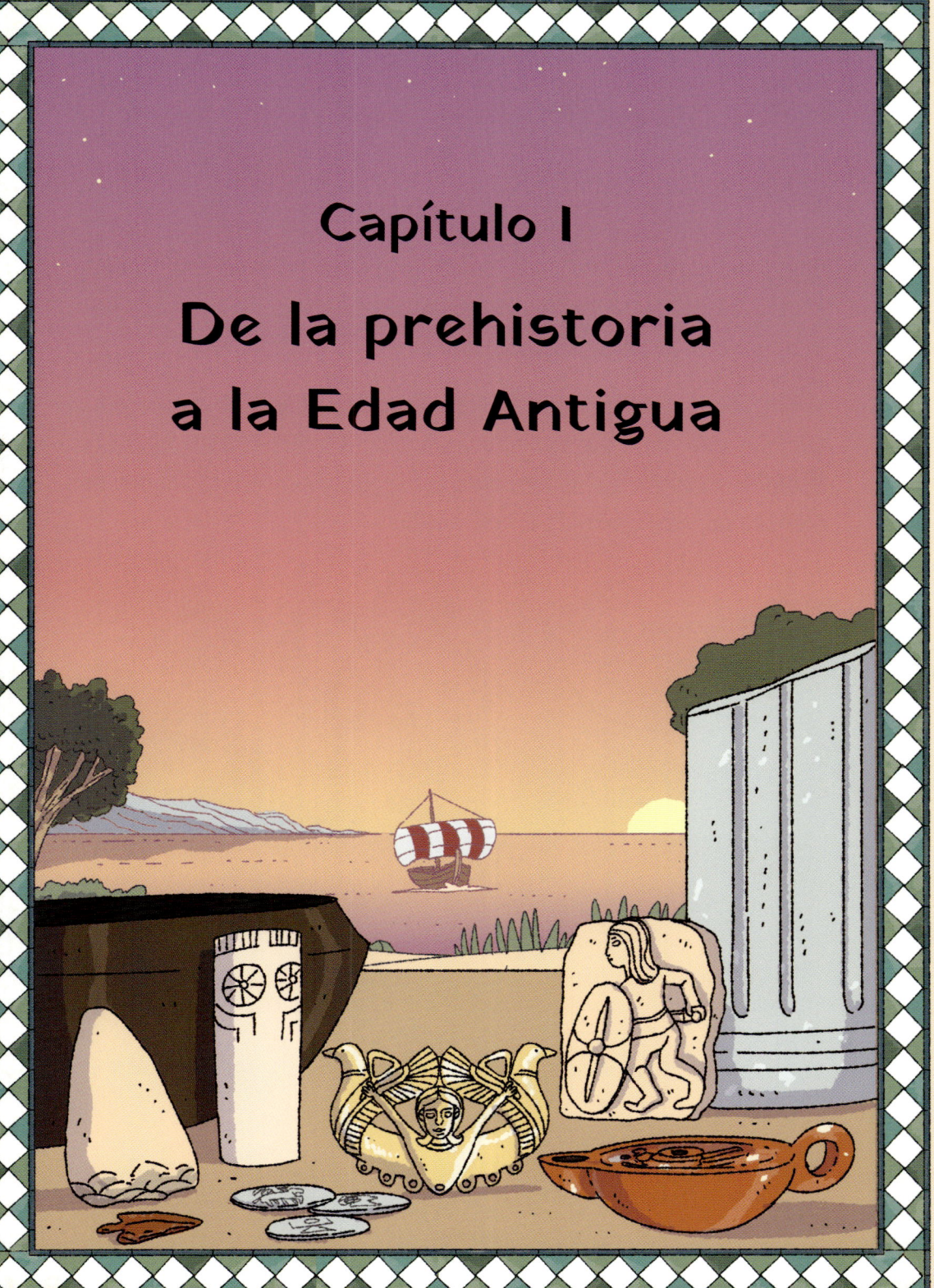

Capítulo I

De la prehistoria a la Edad Antigua

❖ Los primeros habitantes ❖

Conque has decidido sobrevivir en la **prehistoria**, ¿eh? Ojo, ten en cuenta que este es un período larguísimo, que abarca desde la aparición en África de los primeros **homínidos** (nuestros antepasados) hace cuatro millones de años hasta la invención de las primeras escrituras sobre el 3500 a. C.

¿Hubo en la península Ibérica alguien desde el principio? ¡No! Lo que sí había era montones de **SIMPÁTICOS Y LETALES BICHOS**: osos cavernarios, lobos, elefantes, leones, tigres de dientes de sable e incluso mamuts.

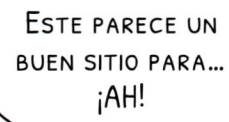

ESTE PARECE UN BUEN SITIO PARA... ¡AH!

Los primeros homínidos llegaron a la península hace 1 300 000 años, en un período que conocemos como **Paleolítico inferior**. Por suerte, en aquella época había un clima similar al actual. ¡Qué buen sitio para montar una choza!

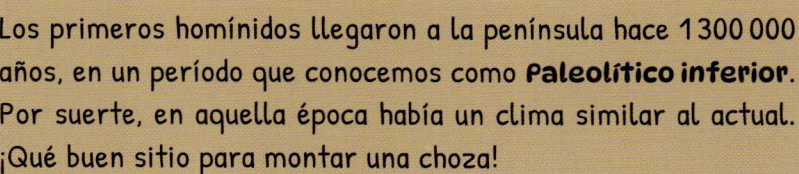

AUNQUE TENDRÍAN QUE ANDARSE CON OJO, ¡PORQUE AÚN HABÍA GLACIACIONES POR LLEGAR!

No tenemos muy claro por **dónde llegaron**: si fue por el estrecho de Gibraltar o, por el contrario, a través de los Pirineos. Lo que sí sabemos es que estos primeros habitantes, que se dedicaban a la **caza** y la **recolección** de alimento, ya se habían esparcido por toda la península hacia el 130000 a. C., durante el **Paleolítico medio**.

Eso sí: ¡no eran todos de la misma especie! Sabemos que en la península vivieron el *Homo antecessor* (hace 800 000 años), el *Homo heidelbergensis* (hace unos 700 000-200 000 años) y el *Homo neanderthalensis* o neandertal, descendiente del *Homo heidelbergensis*. De hecho, estas dos especies llegaron a convivir durante algunos siglos, ¡eran familia, al fin y al cabo!

LOS NEANDERTALES ERAN MUY PARECIDOS A NOSOTROS, AUNQUE MÁS ROBUSTOS.

¡ADEMÁS, TENÍAMOS EL PELO ROJIZO!

Mientras tanto, en África, una nueva especie comenzaba a destacar por su habilidad tanto manual como mental: el *Homo sapiens*, es decir, ¡nuestra especie! Alrededor del 40000 a. C., llegó a la península para convertirse en la **ESPECIE DOMINANTE**. ¡Los sapiens lo aguantaban todo!

Peligro: ¡Amenazas por doquier!
EL PALEOLÍTICO ESTÁ LLENO DE DESAFÍOS: CRIATURAS PELIGROSAS, CLIMA EXTREMO Y TRIBUS POCO AMIGAS. ¡DEBES ESTAR SIEMPRE ALERTA!

◆ Huellas del pasado ◆

Pero ¿cómo sabemos todo esto? ¡Pues gracias a los **yacimientos arqueológicos**! En estos lugares, los científicos excavan y luego estudian fósiles, herramientas y restos, para saber más sobre nuestros antepasados. ¡Hay yacimientos que nos siguen dando **SORPRESAS** incluso en la actualidad!

ANDA, ¿Y ESTOS HUESOS?

El yacimiento más importante de la península Ibérica es, sin duda, el de **Atapuerca** (Burgos). Allí, entre cuevas y agujeros, hay dos simas muy famosas: la **Sima de los Huesos** y la **Sima del Elefante**, donde se han encontrado fósiles de *Homo antecessor* y de otras especies, además de restos de animales y todo tipo de utensilios, como herramientas de sílex. ¡Había que ser muy **habilidoso** para crearlas!

¡TENGO MÁS DE 400 000 AÑOS!

EN ATAPUERCA SE ENCONTRÓ EL CRÁNEO PREHISTÓRICO MEJOR CONSERVADO DEL MUNDO.

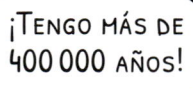 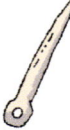

◈ Una especie de artistas ◈

Pero nuestros antepasados no solo creaban herramientas complejas: también hacían **arte**. Existen cuevas por toda la península donde estos antiguos humanos dejaron sus obras, aunque no está claro si fueron realizadas por sapiens o por neandertales.

EL COLOR NEGRO SE CONSEGUÍA CON CARBÓN, Y EL ROJO, CON TIERRA.

PARA FABRICAR LA PINTURA, MEZCLABAN PIGMENTOS NATURALES CON GRASA ANIMAL.

Y lo mejor es que estas pinturas nos relatan los fascinantes orígenes de la humanidad. ¡Solo hay que verlas!

Uno de los mejores ejemplos son las cuevas de **Altamira** (Cantabria). Los techos de estas cuevas fueron decorados con escenas de **bisontes** y otros animales de gran belleza y realismo. ¡Eran unos artistas! No tenemos muy claro cuál era la función de esas pinturas, aunque se cree que tenían un **CARÁCTER MÁGICO** y su intención era atraer a los animales representados, ya que nuestros antepasados se alimentaban de ellos y, además, conseguían recursos muy útiles de sus restos, como las pieles, la grasa o los huesos. ¡Se aprovechaba todo!

La humanidad se asienta

Como ves, durante gran parte del Paleolítico los habitantes de la península pasaron mucho **FRÍO**. Pero, por suerte para ti, superviviente, eso comenzó a cambiar hacia el 10000 a. C., ya que el clima se suavizó y el hielo se retiró. ¡Era momento de asentarse! Durante este período, que conocemos como **Mesolítico**, los humanos empezaron a adaptarse al entorno y a experimentar con la **agricultura**.

¡YA ESTABA CANSADO DE LLEVAR TANTO ABRIGO!

Y así, hacia el 5000 a. C., la humanidad vivió una auténtica **revolución**: las tribus empezaron a reunirse en poblados, a sembrar sus propios alimentos y a domesticar animales, lo que les permitió acumular mucha más comida. ¡Había llegado el **Neolítico**!

El **trigo** y la **cebada** fueron básicos en los inicios de la agricultura, además de las frutas y las hortalizas. En cuanto a la ganadería, los humanos domesticaron animales salvajes que, tras generaciones de cría, dieron lugar a **vacas**, **cabras** y **cerdos**. ¡Muy útiles tanto por su carne como por su leche!

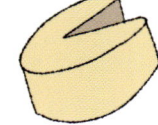

Aunque la revolución del Neolítico empezó en lo que hoy llamamos el **Creciente Fértil** (una zona de Oriente próximo), algunos expertos creen que hubo habitantes de la península Ibérica que también se apuntaron a esto de plantar cosas y domesticar animales **POR SU CUENTA**. Es decir, ¡que no necesitaron copiarle la idea a nadie de fuera!

YA TENGO DE ESO, GRACIAS.

¡HOLA! ¿CONOCE USTED LA REVOLUCIÓN NEOLÍTICA?

Durante el Neolítico, nuestros antepasados también desarrollaron su arte: nos dejaron novedades como la cerámica decorada, la pintura rupestre esquemática y, lo más impresionante de todo, los monumentos megalíticos: construcciones creadas con enormes bloques de piedra, llamadas **dólmenes**. En muchas ocasiones, se cubrían de tierra para formar un túmulo, es decir, una especie de colina con su cueva artificial. ¡Algunos eran realmente grandes!

UNO DE LOS MÁS FAMOSOS ES EL DOLMEN DE MENGA, EN ANTEQUERA (MÁLAGA).

¡QUÉ PEQUEÑEZ! ¡YO YA HE LEVANTADO UNA PIRÁMIDE!

La Edad de los Metales

Hacia el año 2500 a. C., la **piedra** se les quedó corta a los habitantes de la península, así que comenzaron a experimentar con los **metales**, más útiles para fabricar **HERRAMIENTAS** y **ARMAS**: ¡era el fin del Neolítico, y el inicio de la **Edad de los Metales**!

Pero no pienses que de golpe y porrazo empezaron a fundir acero o titanio. Lo primero fue un metal más blando: el cobre; luego, el bronce y, finalmente, el hierro. Por eso, diferenciamos tres períodos aproximados:

Edad del Cobre o Calcolítico (2500-1700 a. C.)

Los pueblos que empezaron a fundir **cobre** pronto tuvieron ventaja sobre los demás. ¡Nadie resistía sus **INVASIONES**! Así pues, tanto ellos como sus vecinos empezaron a **fortificar sus poblados**. Eso sí, los pueblos no solo se relacionaban a base de mamporros, ya que también empezaron a **comerciar** entre ellos. En este período, nacieron las primeras culturas importantes de la península, como la de los **Millares** (Almería). El arte megalítico seguía siendo algo chulo, ya que aún se construían dólmenes.

Peligro: ¡La guerra!

LOS PUEBLOS COMPETÍAN POR HACERSE CON RECURSOS COMO TIERRAS, MINAS O AGUA, Y ESTO DABA LUGAR A LUCHAS. ¡CUIDADO CON TUS VECINOS!

Edad del Bronce (1700-1000 a. C.)

A estas alturas, casi todos los pueblos usaban metales, especialmente en **ARMAS**. Además, la población creció tanto que las sociedades se estratificaron, es decir, los habitantes se dividieron en **grupos**, con uno dominante, que mandaba sobre los demás, y otros dedicados a la guerra, la artesanía o la agricultura y la ganadería.

De este período son la cultura del **Argar**, en la zona de Murcia, Almería y Granada; la cultura **talayótica**, en Baleares, famosa por sus construcciones, y la de **campos de urnas**, en el área de Cataluña, conocida por las vasijas de cerámica en las que guardaban las cenizas de los fallecidos.

EN LA MANCHA ESTABA LA CULTURA DE LAS MOTILLAS, FAMOSA POR SUS FORTALEZAS.

Pero pronto llegaron unos pueblos lejanos que lo pusieron todo **PATAS ARRIBA**. Y marcaron una nueva etapa porque ¡les trajeron el **hierro**!

Edad del Hierro (1000-218 a. C.)

Efectivamente, el hierro llegó a la península gracias a visitantes como los **celtas**, los **fenicios** o los **griegos**. Fue una etapa de mucho comercio e influencias culturales... y también **PELEAS** por el territorio. Una de las civilizaciones autóctonas que más destacó, fruto de estas influencias, fue la de **Tartesia**.

¿QUIERES CONOCER A ESOS VISITANTES? ¡SIGUE LEYENDO!

◆ Un batiburrillo de pueblos ◆

Hacia el final de la Edad del Bronce, una serie de pueblos procedentes del este llegaron a la península para **quedarse**. ¡Vino mucha gente nueva, que traía su **lengua y cultura**, y que se mezcló con los nativos!

¡NO SÉ QUE DICE, PERO ME GUSTA ESTA GENTE!

Sin embargo, esta mezcla no fue un **PROCESO UNIFORME**, y al final se creó todo un mosaico de pueblos muy variopinto y diverso. O sea, ¡un auténtico **LÍO**!

Lo más fácil para clasificarlos es separarlos por su lengua y cultura: así, diferenciamos los pueblos de **lengua indoeuropea** y los de **lengua no indoeuropea**.

En el **noroeste** y el **centro** se encontraban los pueblos de influencia indoeuropea, sobre todo celtas, como los cántabros, los lusitanos, los celtíberos, los carpetanos o los vacceos. Hacia el **noreste**, en cambio, estaban los vascones y los jacetanos, que hablaban una lengua no indoeuropea; de hecho, la compartían con los aquitanos, que vivían en el sur de la actual Francia. Todos estos pueblos se dedicaban a la **ganadería** y la **agricultura**, se organizaban en **tribus muy jerarquizadas** y eran **BASTANTE BELICOSOS**. ¡Muchos serían un dolor de cabeza para futuros conquistadores!

En el **levante** y el **sur** de la península hubo otros pueblos: los íberos, los tartesios y los descendientes de estos últimos, los turdetanos. Ellos tampoco recibieron la influencia indoeuropea de manera directa, pero, en cambio, conocerían un **gran esplendor** gracias a su contacto con los **pueblos mediterráneos**...

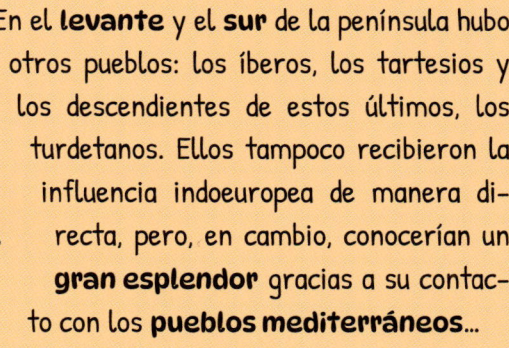

Los primeros colonos

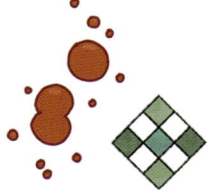 

Mientras en la península los pueblos nativos estaban a lo suyo, en el Mediterráneo habían pasado cosas muy interesantes. Concretamente, había civilizaciones muy avanzadas que ya empezaban a comerciar con otras culturas lejanas. Para ello, establecían **colonias**, es decir, pequeñas ciudades con puerto, donde hacían intercambios comerciales. Y, como te podrás imaginar, esas civilizaciones no tardaron en llegar a la península.

Los primeros fueron los **fenicios**, un pueblo procedente del actual Líbano. Eran expertos en hacer negocios, importando y exportando productos de todo el Mediterráneo. Así que, cuando llegaron a la zona de íberos y turdetanos en el siglo XI a. C., no dudaron en **ESTABLECER SUS COLONIAS**; entre las más relevantes, están Gadir (es decir, Cádiz), Malaca (Málaga) o el yacimiento de los Toscanos (en la costa de Vélez-Málaga).

¡Y NO FUE CASUALIDAD! A LOS FENICIOS LA COSTA DE LA PENÍNSULA LES INTERESABA MUCHO.

¿LA RAZÓN? EL *MUREX*, UN MOLUSCO QUE SE USABA PARA TEÑIR LAS TELAS DE PÚRPURA.

¡ES EL COLOR DE REYES Y RICACHONES!

Por su parte, los **griegos**, que ya eran una gran civilización, establecieron también sus puestos comerciales, llamados «emporios», en lugares como Rhoda (Rosas) y Emporion (Ampurias), ambos en la actual provincia de Gerona. ¿Quieres comprar algo realmente chulo? ¡En estos puestos podías encontrarlo!

> LOS GRIEGOS TAMBIÉN BAUTIZARON A LA PENÍNSULA: LA LLAMARON IBERIA.

> «IBERIA» VIENE DEL RÍO AL QUE ELLOS LLAMABAN ÍBĒROS: ¡EL EBRO!

EBRO

TAJO

GUADALQUIVIR

Como te imaginarás, los íberos y sus vecinos de la península tuvieron trato con estos **COLONIZADORES**, y de ellos tomaron cosas tan interesantes como su arte, los olivos y la vid, el torno alfarero, nuevas técnicas de navegación y minería... Eso sin contar las importantes **ciudades** que construyeron, y que en el futuro serían claves para nuestra historia.

> ¡ME GUSTA ESTO! ¿Y SI LO COPIAMOS?

 # El esplendor mediterráneo

Uno de los pueblos más influidos por los colonos del Mediterráneo fue **Tartesia**, una **MISTERIOSA** cultura que se encontraba en el sur y de la que sabemos muy poquito. Parece que se originó de una mezcla local, fenicia y griega, y se dedicaba a la agricultura y a los metales.

En 2023, aparecieron los rostros de Turuñuelo, en Badajoz.

¡Al fin les ponemos cara a los tartesios!

Pero los íberos fueron, sin duda, los más importantes. La arqueología y las crónicas nos revelan que vivían en grandes poblados con **murallas**, llenos de calles ordenadas, y que se dedicaban a la **artesanía** y la **metalurgia**, el cultivo de los cereales y la vid, la minería y el comercio. Hacían tantos negocios con fenicios y griegos que hasta tenían **MONEDA**. Además, fruto de este contacto, los íberos desarrollaron algo muy importante: ¡su propio **alfabeto**!

Por desgracia, no sabemos leerlo, ¡sigue siendo un misterio!

Pero esto significa una cosa: ya había escritura, así que se había acabado la prehistoria. ¡La península entraba en la historia!

La sociedad íbera

REY O RÉGULO: El que mandaba en el poblado.

NOBLEZA: Eran, además del régulo, los que más poder y dinerito tenían. ¡Sus ricos ajuares funerarios nos lo confirman!

> ¿ME VAS A DEJAR ALGO DE HERENCIA?

> ¡A MÍ ENTERRADME CON TODO!

GUERREROS Y SACERDOTES: Ambas clases disfrutaban de una buena posición y prestigio. ¡Luchar y hacer rituales era muy importante!

ARTESANOS, COMERCIANTES Y GRANJEROS: La mayor parte de la población se dedicaba a estas actividades. ¡Los currantes de toda la vida!

ESCLAVOS: Exacto, existía la esclavitud. Los pobres se dedicaban a las tareas más duras y desagradables.

> EN LA SOCIEDAD ÍBERA LAS MUJERES ARISTÓCRATAS TENÍAN UN PAPEL MUY IMPORTANTE.

> PARTICIPABAN EN RITOS RELIGIOSOS Y FUNERARIOS, Y DIFUNDÍAN LA CULTURA DE SUS ANTEPASADOS.

Más forasteros

Aún quedaban **MÁS LÍOS** para la península. A partir del siglo VI a. C., **Cartago**, un reino del norte de África, dominó a fenicios y griegos, y en el siglo III a. C. trató de hacerse con Siracusa (Sicilia) en su intento de conquistar el Mediterráneo. Sin embargo, fue **DERROTADO** por otra potencia en ascenso: **Roma**.

> ESTO SE CONOCE COMO LA PRIMERA GUERRA PÚNICA, YA QUE LOS ROMANOS LLAMABAN «PÚNICOS» A LOS CARTAGINESES.

> VIENE DE LA PALABRA GRIEGA *PHOENIKÉS*, QUE SIGNIFICA 'LOS DE ROJO'.

Tras la **DERROTA**, los cartagineses decidieron centrarse en Iberia. Gobernados por la **familia Barca**, pusieron mucho empeño en ganar terreno: fundaron colonias como Cartago Nova, hoy Cartagena (Murcia); formaron **alianzas** con algunos de los pueblos de la zona, y, en más de una ocasión, se **ENFRENTARON** a otros. Pronto, la península fue suya, y pusieron a sus soldados y mercenarios rumbo a Italia. ¡Próximo objetivo: Roma!

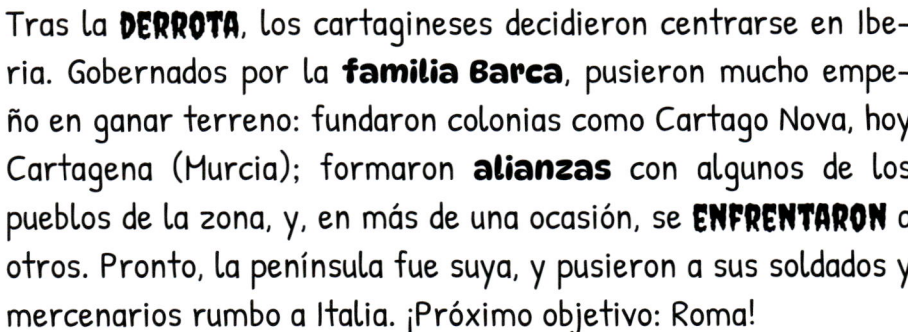

La familia Barca

Amílcar: El padrazo, educó a sus hijos en el arte de la guerra... y en tenerle tirria a Roma. ¡Murió en una escaramuza contra unos rebeldes íberos oretanos!

Aníbal: Sin duda, uno de los mejores generales de la historia. Les dio unas buenas palizas a los legionarios en su propio terreno. ¡El auténtico terror de los romanos!

Asdrúbal: Hermano de Aníbal, se quedó en Iberia peleando contra los romanos mientras su hermano sembraba el caos en Italia. ¡Los romanos le cortaron la cabeza y la lanzaron al campamento cartaginés!

Magón: El hermano pequeño de Aníbal. Luchó tanto en Iberia como en Italia, y fue un gran comandante de caballería. ¡Sus emboscadas eran muy temidas por los romanos!

LOS CARTAGINESES USABAN UNOS TEMIBLES ELEFANTES DE GUERRA.

¡PÍSALO, PÍSALO!

Aníbal les causó grandes **DOLORES DE CABEZA** a los romanos, y estos reaccionaron con una misión aparentemente **SUICIDA**: mandaron una flota hacia Iberia, al mando del joven general Publio Cornelio Escipión, y abrieron un nuevo frente en el año 218 a. C. Tras establecer **alianzas** con muchos pueblos de la península, y otras veces directamente pasándolos **A CUCHILLO**, los romanos **DOMINARON** a los cartagineses. Poco después, Escipión vencería a Aníbal en la batalla de Zama, poniendo **fin** a la segunda guerra púnica.

 # La llegada de Roma

Con Cartago **VENCIDA**, los romanos decidieron **quedarse** con la península y la llamaron **Hispania**. Este nombre es aparentemente fenicio, pero no se tiene claro su significado original, ya que se ha interpretado como 'tierra del norte', 'tierra oculta' o, la versión más aceptada, '**TIERRA DE DAMANES**'.

¿DAMANES? ¿CÓMO QUE DAMÁN? ¿QUÉ NOMBRE ES ESE?

LOS FENICIOS CONFUNDIERON LOS CONEJOS QUE VIERON EN LA PENÍNSULA CON LOS DAMANES, UNA ESPECIE PROPIA DE LAS ZONAS QUE ELLOS HABÍAN HABITADO.

¡Pero **OJO**! No creas que fue del todo fácil: si bien habían logrado alianzas con muchas tribus en el pasado, ya en la segunda guerra púnica habían tenido que enfrentarse a los habitantes de la península, como en la ciudad celtíbera de **Numancia** (en Soria); y, en las décadas siguientes, otros pueblos les **plantaron cara**, como los lusitanos bajo el mando de Viriato... Aunque el resultado siempre fue el mismo: la **DERROTA**.

¡ESTOS NUMANTINOS NECESITAN CIVILIZARSE!

Tras un par de siglos, en el año 19 a. C., durante el reinado del emperador romano **Augusto**, Roma acabó **CONQUISTANDO** toda Hispania. La península pronto se convirtió en un lugar **muy próspero y apreciado** gracias a sus exportaciones de cereales, vino y aceite de oliva, sus importantes minas de oro y hierro, su artesanía, y la producción de la salsa favorita de los romanos: ¡el *garum*!

EL *GARUM* SE PREPARABA CON UNA PASTA DE PESCADO EN ENORMES FACTORÍAS COSTERAS.

Romanización

Los romanos trasladaron a Hispania todo su mundo: modelo social, religión, leyes, lengua, arte, arquitectura, cultura y política. Todo hizo que la cultura local se fuese, poco a poco, mezclando o perdiendo en favor de la latina.

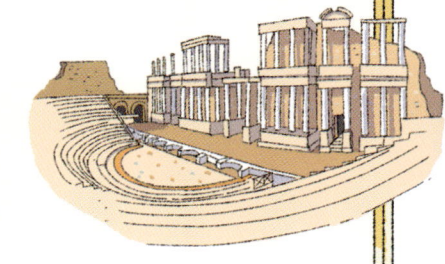

Así pues, la península se llenó de ciudades importantes hechas a semejanza de las de Italia, con sus acueductos, teatros, baños públicos, calzadas, templos, anfiteatros y circos. ¡Los hispanos se habían convertido en romanos!

UNO DE LOS TEATROS ROMANOS MEJOR CONSERVADOS DEL MUNDO ES EL DE MÉRIDA. ¡HOY SE SIGUE USANDO PARA REPRESENTAR OBRAS CLÁSICAS!

La Hispania romana

Una de las primeras cosas que hicieron los romanos fue **DI-VIDIR** Hispania en **provincias**: al principio eran dos, luego se amplió a **tres**, y así se mantuvo hasta finales del siglo III, cuando se añadieron **dos más**.

CADA PROVINCIA TENÍA SU GOBERNADOR. EL DE LA BAETICA LO ELEGÍA EL SENADO ROMANO.

EL DE LAS OTRAS DOS, AL HABER MÁS PUEBLOS REVOLTOSOS, ERA PUESTO A DEDO POR EL MISMO EMPERADOR. ¡QUÉ CARA!

TARRACONENSIS

LUSITANIA

BAETICA

En Hispania **florecieron** grandes ciudades: algunas que ya eran importantes desde antes, como Cartago Nova o Gadir; otras recién conquistadas, como Corduba (Córdoba) o Tarraco (Tarragona), y otras **nuevas**, fundadas por los propios romanos, como Itálica (cerca de Sevilla, creada para los veteranos que lucharon en la guerra púnica) o Augusta Emerita (Mérida).

¡QUÉ BUEN SITIO PARA JUBILARSE!

El camino a la ciudadanía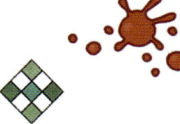

Tan **IMPORTANTE** llegó a ser Hispania para el Imperio que, en el 74 a. C., el emperador Vespasiano concedió a las provincias hispanas el estatus de provincias con derecho latino; es decir, les otorgaba más derechos y privilegios. Pero no fueron **LEGALMENTE IGUALES** a las romanas hasta que, casi 300 años después, el emperador Caracalla reconoció el estatus de «ciudadano romano» a los hombres libres de todas las provincias del Imperio; incluidas las de Hispania, claro.

> No te flipes, que tú eres un esclavo.

> ¡Qué bien! ¡Soy un ciudadano romano!

Hispanos célebres

Lucio Anneo Séneca (4 a. C.-65 d. C.): Fue un filósofo, político y escritor nacido en Corduba. Consejero del emperador Nerón, sus obras influyeron profundamente en la ética y la filosofía de su época.

Marco Ulpio Trajano (53-117 d. C.): Procedente de Itálica, ¡fue el primer emperador romano nacido fuera de Italia! Se le considera uno de los «cinco emperadores buenos». Bajo su mandato, el Imperio alcanzó su máxima extensión.

Publio Elio Adriano (76-138 d. C.): También originario de Itálica, sucedió a Trajano como emperador. Reforzó las fronteras del Imperio; de hecho, la construcción del muro de Adriano en Britannia (actual Gran Bretaña) fue cosa suya.

El cristianismo

Mientras todo esto estaba pasando, los fieles de una **nueva religión** surgida en la Palestina del siglo I y que seguían a **Jesús de Nazaret** (y tras su muerte a sus apóstoles) fueron creciendo en número. Aunque, al principio, el cristianismo fue perseguido y castigado, acabó convirtiéndose en la religión mayoritaria en todo el Imperio. En el 380 d. C. el emperador Teodosio nombró el cristianismo religión oficial. ¡Casi nada!

 La crisis del siglo III

Como ves, con el tiempo, el Imperio romano **CAMBIÓ**: el **cristianismo** se convirtió en la religión oficial, los **territorios** crecieron... Y las cosas se complicaron. Al fin y al cabo, no todo era **DE COLOR ROSA**: un territorio enorme, cada vez más ciudadanos que suponían más gastos, fronteras cada vez más inestables... Todo esto hizo que en el siglo III surgieran **TENSIONES** que llevaron al desastre: guerras civiles, levantamientos de generales, pobreza, epidemias... ¡Crisis por todas partes! El emperador **Diocleciano** dio un puñetazo en la mesa y puso orden con un sistema llamado «**tetrarquía**».

¡ESTO SE HA ACABADO!

EN LA TETRARQUÍA HABÍA DOS EMPERADORES CON UN ASISTENTE CADA UNO. ¡ASÍ SE REPARTÍA MEJOR LA CARGA DEL GOBIERNO!

¡Que vienen los bárbaros!

¡HOLA, SOMOS TUS NUEVOS VECINOS!

Pese a todo, los problemas no paraban de crecer y en el año 395 el Imperio **SE PARTIÓ EN DOS**: el Imperio romano de oriente y el de occidente. Y es que una serie de pueblos de Asia y de Escandinavia, a los que los romanos llamaban «**bárbaros**», presionaban cada vez más sobre las fronteras. Hacia el año 409, llegaron a Hispania desde el norte los **godos**, unos bárbaros amigos a los que los romanos tenían contratados como mercenarios: eran los **suevos**, a los que seguirían vándalos y **alanos**, que se unirían amistosamente a la población hispana. Finalmente, llegaron los **visigodos**, para imponerse a los otros pueblos y, tras la **CAÍDA DE ROMA** en el 476, tomaron el **CONTROL TOTAL** de Hispania. ¡Comenzaba así la era de los **visigodos**!

Capítulo II

La Edad Media

 # El reino visigodo de Toledo

¿Has decidido intentar sobrevivir a la Edad Media? Pues prepárate para un panorama… **PECULIAR**.

Como recordarás, la Edad Antigua termina en el siglo v con la **CAÍDA** del **Imperio romano de Occidente**. Los visigodos habían llegado de forma bastante pacífica y en fases, ya que el moribundo Imperio les fue dando tierras a cambio de su labor como mercenarios. Pero ahora, de pronto, eran los mandamases. **EXPULSARON** a los últimos suevos y, en el 585, se fundó el **reino visigodo**. ¡El rey Leovigildo gobernaba toda Hispania desde Toledo!

> ¿Y AHORA QUÉ?

Pues, sencillamente, la vida **siguió**. Los visigodos adaptaron un poco las leyes romanas y listo; además eran **cristianos**, así que menos drama, querido hispano.

> LOS BIZANTINOS, ES DECIR, LOS ROMANOS DE ORIENTE, SE EMPEÑARON EN RECUPERAR TERRITORIOS DE SU VIEJO IMPERIO. ¡PERO LES SALIÓ RANA!

 ◆ **Una corte convulsa** ◆

Los visigodos se organizaban en **concilios**, donde los nobles y los obispos tomaban **DECISIONES POLÍTICAS**. ¡Trataban de colaborar para el bien de todos! Pero tenían una particularidad: en su sistema, el rey no heredaba necesariamente el cargo de su padre, sino que era elegido por **votación**... y, claro, no siempre se ponían de acuerdo. A menudo había **PELEAS**, cuando no **ASESINATOS**, por elegir a uno u otro candidato para ser rey.

Lo cierto es que esto **debilitaba** mucho el reino, como se vio en el siglo VIII. Tras la muerte del rey Witiza, los visigodos andaban a la gresca entre los partidarios del noble Rodrigo y los de Agila, hijo del rey..., y unos **INVASORES** venidos de muy lejos aprovecharon la situación. ¡La historia de toda la península estaba a punto de cambiar!

JE, JE, JE, JE.

 # La llegada del islam

Resulta que, en la lejana tierra de Arabia, había surgido una nueva religión: el **islam**.

 El islam es una religión monoteísta: Alá es su único dios, y Mahoma, su profeta. Sus seguidores son los musulmanes y su libro sagrado, el Corán, que contiene la palabra de Alá. Se considera que Mahoma recibió las revelaciones de Alá por medio del arcángel Gabriel, ¡casi nada!

Esta nueva fe se fue extendiendo hasta que, en el año 622, **Mahoma** y sus seguidores abandonaron La Meca, debido a la persecución religiosa, y se establecieron en Medina. Este hecho es conocido como **Hégira** y marca el comienzo de una era para los musulmanes. ¡El islam se hizo muy **POTENTE** en Arabia!

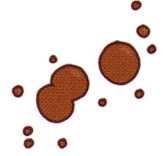 

Tras la **MUERTE** de Mahoma, sus familiares tomaron el relevo y siguieron **expandiendo la fe**. Son conocidos como los cuatro **califas**, es decir, los cuatro reyes. **CONQUISTARON** toda Arabia, Egipto, Persia, Palestina y Siria, creando reinos conocidos como «califatos». Tras el reinado del último de los cuatro, hubo una lucha de poder y se impuso una dinastía nueva, que dominaría todo el territorio: la **dinastía Omeya**.

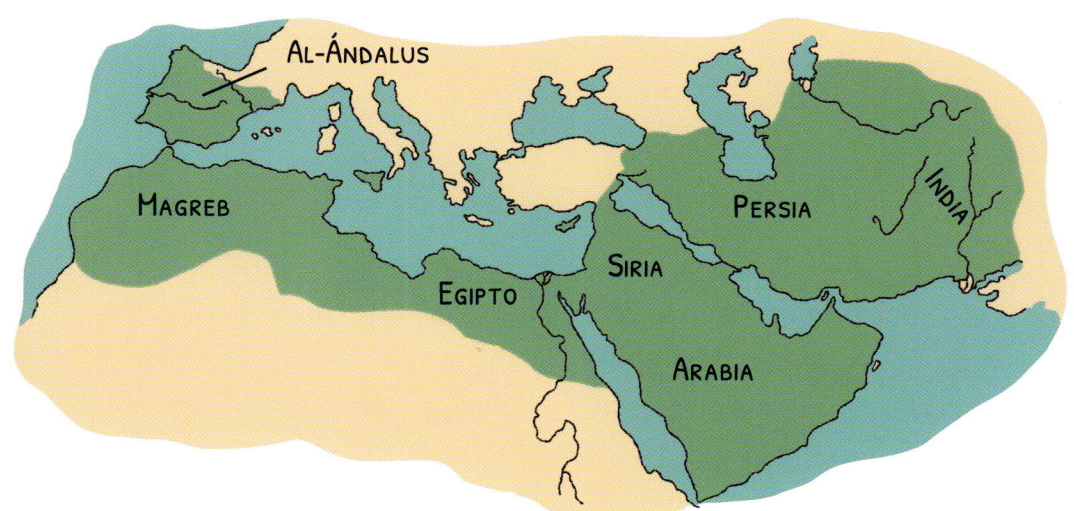

Los Omeya llamaron a su reino **califato de Damasco** (pues gobernaban desde allí, la capital siria). Siguieron con las conquistas, haciéndose con todo el norte de África, hasta llegar al estrecho de Gibraltar en el año **711**. ¿Y con qué se encontraron? ¡Con la crisis del trono visigodo! Los musulmanes se prestaron a ayudar a los partidarios de Agila. ¡Pero al final el pacto se convertiría en **CONQUISTA**!

Las tropas de **Musa**, gobernador omeya del norte de África, estaban formadas sobre todo por **bereberes**, un pueblo norteafricano. Al mando del general Tariq, **VENCIERON** a las tropas del visigodo Rodrigo en la batalla de Guadalete (en la actual Cádiz) y en solo quince años **CONQUISTARON** Hispania gracias a rápidas **victorias y pactos** con la nobleza local. ¡Fue el fin del reino visigodo!

BUENO, EN REALIDAD NO LOGRARON CONQUISTAR TODA LA PENÍNSULA.

UNOS POCOS RESISTIERON EN EL NORTE... ¡LOS CONOCERÁS EN LA PÁGINA 50!

Al-Ándalus

Los Omeya llamaron a aquel territorio **Al-Ándalus**. En un principio fue un **emirato**, algo así como una provincia del califato de Damasco, y su capital se estableció en Córdoba. Sin embargo, había muchos **LÍOS** en el extenso territorio del califato y, tras varias **REVUELTAS**, la dinastía Omeya cayó en Oriente Medio y fue reemplazada por los Abasidas, un clan rival. Solo hubo un superviviente omeya... que vino a Al-Ándalus, ¡y lo convirtió en un **emirato independiente** en el **756**! No obstante, aún dependía religiosamente de Bagdad, la nueva capital abasida.

TAMBIÉN SE LE CONOCE EN SU FORMA HISPANIZADA: ABDERRAMÁN.

SOY ABD AL-RAHMAN, ¡EL ÚLTIMO OMEYA!

El emirato **prosperó** durante décadas hasta que, en el 929, Abderramán III se proclamó califa e hizo que el emirato se independizara completamente del poder de Bagdad, dando paso al califato de Córdoba. ¡Fue el momento de **mayor esplendor** de Al-Ándalus!

EN LA CIUDAD DE CÓRDOBA LLEGARON A VIVIR MÁS DE 400 000 PERSONAS. ¡UNA LOCURA PARA ESA ÉPOCA!

Ya desde los tiempos de Abderramán I, las ciudades andalusíes mostraron una gran actividad, sobre todo alrededor del mercado central: el **zoco**. Artesanos, comerciantes y funcionarios llenaban las calles y, en los puestos podías encontrar un montón de productos, ¡incluso venidos de lugares muy lejanos! También se construyeron bibliotecas, baños, escuelas y palacios, eso sin contar la gran **mezquita de Córdoba**, que fue ampliada por Abderramán III.

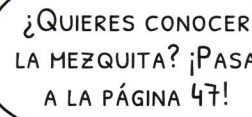

¿QUIERES CONOCER LA MEZQUITA? ¡PASA A LA PÁGINA 47!

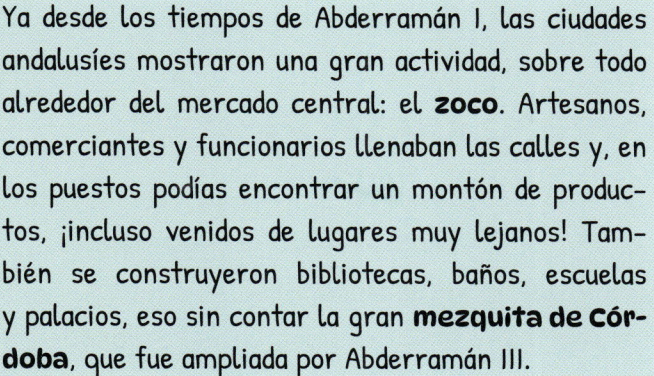

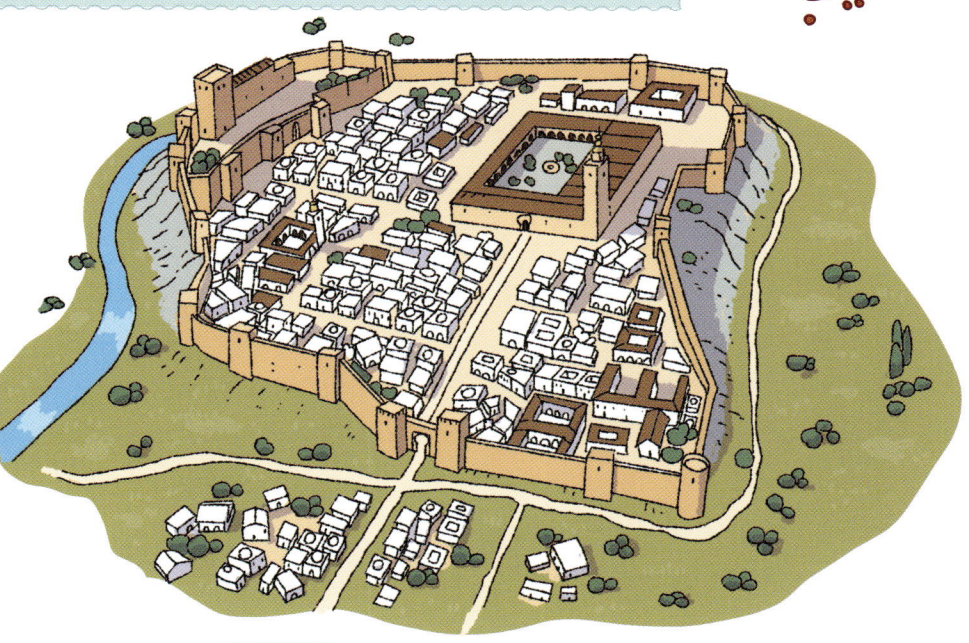

LA GENTE DE CAMPO VIVÍA EN ALQUERÍAS.

Mientras tanto, en el campo, se actualizaron los sistemas de **regadío**: movían el agua a través de canales y la almacenaban en depósitos. Gracias a ello, ¡la producción agrícola se multiplicó!

 # Cultura y ciencia

Durante la época del califato, Al-Ándalus vivió un **momento dorado**, lleno de sabios y libros venidos de tierras lejanas.

¡AQUÍ TIENES TU LIBRO!

¡YA ERA HORA! ¡LO PEDÍ HACE DOS AÑOS!

Y es que, claro, el mundo islámico había **CONQUISTADO** territorios que habían pertenecido a los dos imperios romanos (uno de ellos ya desaparecido), y habían **heredado** obras del mundo grecorromano sobre filosofía, astronomía, matemáticas, medicina, literatura... Además, los musulmanes no solo habían conservado mucho de este **saber**, sino que habían desarrollado el suyo propio. Todas estas obras, antiguas y nuevas, iban a parar a **bibliotecas**, como las que había en Córdoba. ¡Menudo tesoro!

Abbās ibn Firnās: Astrónomo y químico. Es famoso por el astrolabio gigante que tenía en casa y por haber diseñado un planeador con el que logró hacer vuelos cortos ¡con éxito!

Averroes: Leyó a Aristóteles y redactó interpretaciones muy interesantes de sus teorías. También escribió sobre medicina, derecho y astronomía, y tuvo gran influencia en Europa.

◆ Arte ◆

En Al-Ándalus, el **arte** estaba muy unido a la **religión**, y su desarrollo estuvo marcado por las normas del **Corán**, su libro sagrado. La **arquitectura** alcanzó un gran esplendor, mientras que la escultura y la pintura tuvieron un papel secundario, porque el Corán prohíbe representar figuras en lugares sagrados. No obstante, también pusieron mucho empeño en las artes decorativas, creando objetos de metal, cristal y marfil, como jarrones, lámparas, arquetas y cofres finamente labrados.

EXISTEN PEQUEÑAS EXCEPCIONES EN LAS QUE PODEMOS VER REPRESENTACIONES DE FIGURAS HUMANAS. ¡TODA UNA RAREZA!

Los arquitectos islámicos desarrollaron distintos tipos de **arcos**, como el de herradura o el lobulado. Aunque solían utilizar materiales humildes, como ladrillo o yeso, aplicaban una decoración exquisita con azulejos, caligrafía árabe y motivos geométricos para embellecer los edificios. Famosas son la mezquita de Córdoba o el fastuoso complejo palaciego de Medina Azahara, reflejo de una época de esplendor.

  # Juntos pero no revueltos

¿Y cómo se tomaron los visigodos y demás (es decir, los anteriores habitantes de Hispania) todos estos **CAMBIOS**? La mayoría sencillamente se **convirtió al islam**, ya fuese de verdad o de forma fingida. ¡Pasarse a la religión del invasor tenía sus ventajas!

Pero también hubo cristianos y judíos que no quisieron convertirse y se mantuvieron **fieles a su fe** y sus costumbres.

¡CONVIÉRTETE, HOMBRE!

¡PERO YO QUIERO SEGUIR CELEBRANDO LA NAVIDAD!

Por lo demás, étnicamente hablando, la población de la península era casi la misma que encontraron los Omeya en el 711, solo que con nuevos habitantes venidos de otros lugares. ¿Y la **convivencia**? En general había buenas relaciones entre vecinos de distinta fe, aunque muchas veces las autoridades fueron más **represivas**: subían los impuestos a los cristianos, los marginaban o directamente los **EXPULSABAN**.

¿UNOS DULCES, VECINO MUSULMÁN?

¡GRACIAS, VECINA JUDÍA!

Sociedad

Musulmanes

Árabes: Eran una minoría privilegiada y acaparaban los altos cargos y la propiedad de la tierra. Al fin y al cabo, ellos habían dirigido la conquista.

Bereberes: Eran también pocos. Provenían del norte de África y se dedicaban a la agricultura, la artesanía y el pequeño comercio.

Muladíes: Eran los hispano-visigodos que se habían convertido al islam. Constituían la inmensa mayoría de la población y también se dedicaban a la agricultura y la artesanía.

No musulmanes

Mozárabes: Los hispano-visigodos que siguieron siendo cristianos. Eran una minoría muy pequeña, ya que muchos acabaron emigrando a los reinos cristianos que surgieron en la península (conócelos en la página 50). ¡Allí vivían más tranquilos!

Judíos: Se dedicaban principalmente a la artesanía, el comercio, la medicina o la ciencia. Tenían su propio barrio en la ciudad, la judería. También hubo judíos en los reinos cristianos.

TODOS LOS NO MUSULMANES DEBÍAN PAGAR IMPUESTOS ESPECIALES.

¡TODO EL DÍA PAGANDO!

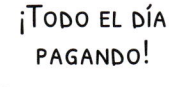

 # El origen de los reinos cristianos

Te estarás preguntando: ¿qué hay del territorio del **norte**, el que los musulmanes no lograron conquistar? ¿Nadie se había quedado por ahí escondido? ¡Pues sí! En la zona de Asturias, permaneció una pequeña **RESISTENCIA VISIGODA**. Tras la batalla de **Covadonga**, en el año 722, **DETUVIERON** el avance de los musulmanes. Su líder fue **Pelayo**, un noble visigodo, que se convertiría en una figura legendaria.

¡VENID AQUÍ SI SOIS CAPACES!

UFFF... ¡QUÉ PEREZA SUBIR OTRA VEZ!

Así se formó un pequeño reino cristiano: el **reino de Asturias**, con capital en Oviedo. Pelayo fue el primer rey y, para hacer el apaño, continuaron con las viejas leyes visigodas.

El reino de Asturias se fue expandiendo por toda la zona oeste del **Duero**, **ECHANDO** a los pocos musulmanes que había allí. Así, al llegar a León en el año 910, la convirtieron en su nueva capital y el reino pasó a ser el **reino de León**. Aquello estaba vacío, así que lo repoblaron con familias del reino y los mozárabes que huían de la zona andalusí.

¿Y SI NOS VENIMOS A VIVIR AQUÍ?

¡FUERON RÁPIDOS! CUANDO SE CREÓ EL REINO DE LEÓN, EL EMIRATO DE CÓRDOBA AÚN NO SE HABÍA CONVERTIDO EN CALIFATO.

Luego, en 1065, el rey Alfonso de León dejó a uno de sus hijos, **Sancho**, un condado para que fundase un nuevo reino, que sería muy importante: **el reino de Castilla**.

Mientras tanto, en la otra mitad del norte de la península también sucedieron **COSAS**.

La Marca Hispánica

En 795, el emperador **Carlomagno**, que goberna-ba la actual Francia, creó una zona defensiva al sur de los Pirineos para mantener a raya a los musul-manes. Esta franja de terreno era conocida como «Marca Hispánica», y estaba formada por varios condados. Sin embargo, estos condados se fue-ron independizando, dando paso, entre otros, al reino de Pamplona, más tarde llamado de Na-varra, y al reino de Aragón. En otras palabras: ¡más reinos cristianos en la península!

¡NO PUEDES PASAR!

LOS REINOS CRISTIANOS HACÍAN PIÑA PARA COMBATIR A LOS MUSULMANES.

¡PERO OJO! ENTRE ELLOS HUBO TAMBIÉN DISPUTAS E INCLUSO GUERRAS.

 # La crisis del califato

A finales del siglo x, durante el reinado del joven **Hisham II**, los reinos cristianos empezaban a ser un **INCORDIO** para el califato de Córdoba. Pero este tenía un ejército más grande, y **Almanzor**, el hombre de confianza del califa (y quien gobernaba realmente), llevó a cabo muchas campañas con éxito. No obstante, cada vez eran más **COSTOSAS** y exigían **tropas** y, sobre todo, más **dinero**. ¡La guerra es MUY cara!

¡ALMANZOR! ¡LOS CRISTIANOS HAN VUELTO A CRUZAR LA FRONTERA!

¡POR EL PROFETA! ¡QUÉ PESADOS SON!

Tras la muerte de Almanzor, el califato entró en **CRISIS**: Hisham II era un califa muy **torpe** y los nobles quisieron quitárselo de en medio. Tanto se lio el asunto que el califato saltó por los aires en el año **1031**. Fue el fin de los Omeya, ¡que habían gobernado Al-Ándalus durante casi 300 años! Todo su territorio se separó en veinticinco pequeños reinos, llamados **taifas**, y los cristianos no dudaron en empezar a atacarlas. ¡Menudo estropicio!

PARA NO SER INVADIDAS, LAS TAIFAS TENÍAN QUE PAGAR UN IMPUESTO A LOS REINOS CRISTIANOS: LAS PARIAS.

El Cid (hacia 1048-1099)

Durante esta época nació **Rodrigo Díaz de Vivar**, más conocido como el Cid Campeador. Te suena, ¿verdad?

Fue un **caballero** castellano expulsado del reino de León injustamente por su rey. Buscando fortuna, Rodrigo se hizo mercenario y luchó con distintos señores, tanto cristianos como musulmanes, ganándose fama de **gran soldado** y logrando grandes victorias.

Tras obtener el perdón del rey y volver a ser desterrado (qué rey más testarudo), Rodrigo **CONQUISTÓ** Valencia, pero murió durante el asalto final. Su esposa, Jimena, mantendría la ciudad como señorío hasta que fue conquistada de nuevo por los musulmanes.

Su figura se convirtió en **legendaria** e inspiró la composición del *Cantar de Mio Cid*, donde se cuentan sus aventuras de forma épica, convirtiéndolo en una figura clave de la Edad Media.

 # Una frontera entre mundos

A estas alturas, existía una **frontera** muy clara entre el mundo **islámico** y la zona **cristiana**. Aunque fue cambiando con el tiempo, esta frontera cruzaba la península de este a oeste y era un lugar bastante **PELIGROSO**: traspasar la línea significaba trasladarse de un mundo a otro, pasar de una forma de entender las cosas a otra que, en muchos casos, era opuesta.

Por ello, era normal que toda la frontera estuviera llena de **atalayas** (es decir, torres vigía), **castillos** y todo tipo de **fortalezas**. Allí se situaban los soldados y la caballería que debía enfrentarse a las incursiones del otro bando. ¡Era una zona siempre **TENSA**!

¡POR ESO, SI VIAJAS POR ESPAÑA, TE VAS A HINCHAR A VER TORRES Y CASTILLOS POR TODAS PARTES!

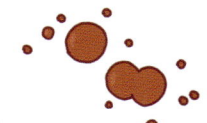

Los reinos cristianos confiaron el cuidado de su frontera a unos guardianes muy especiales: las **órdenes militares**. ¿Te suenan los **templarios**? Pues estos monjes-soldado eran lo mismo: tropas de élite que llevaban una vida monacal. Su misión era proteger la frontera, escoltar a los peregrinos y acogerlos si lo necesitaban.

Las órdenes más famosas eran las de Santiago, Alcántara, Montesa y Calatrava.

La **GUERRA DE FRONTERA** se alargó durante tanto tiempo que se generó incluso una **economía** detrás de ella: había ciudades enteras en la retaguardia que se dedicaban a producir lo que necesitaban los soldados de los castillos: artesanos, ganaderos y agricultores que les vendían alimento y equipamiento, y mercenarios como el **Cid**, que directamente vivían de esta situación, ofreciendo sus **servicios** como soldado o comandante al rey que mejor pagase, ya que siempre hacían falta hombres curtidos para luchar. ¡La sociedad de frontera nacía para la **GUERRA**!

Peligro: ¡Secuestro!

DE VEZ EN CUANDO, AMBOS BANDOS HACÍAN INCURSIONES AL OTRO LADO... Y PODÍAS ACABAR CAPTURADO Y VENDIDO COMO ESCLAVO. ¡OH, NO!

El califato almohade

Las taifas lo tenían **CRUDO**, pero, ojo, aún venían curvas. En el siglo XI había surgido un imperio, el **almorávide**, en el actual Marruecos y, en el año 1080, aprovechando el tremendo **DESCONTROL** que había en las taifas, los almorávides se las **anexionaron**. Sin embargo, no duraron mucho, ya que un grupo rebelde, los almohades, tomaron el poder en 1147, conquistando además vastos terrenos en el norte de África. ¡Los almohades se montaron su propio califato!

Pero no fue fácil: a los **andalusíes** no les gustaban los almohades, y menos aún a los mozárabes, ya que los nuevos mandatarios eran más duros con ellos por su fe. Por eso, hubo **RESISTENCIA** incluso tras la conquista: revueltas, levantamientos, guerra civil entre musulmanes... y encima los cristianos empujando desde el norte. El califa de entonces, Al-Nasir, estaba rodeado de problemas. Pero lo **PEOR** estaba por llegar.

LOS ALMOHADES ESTABLECIERON SU CAPITAL EN SEVILLA, ¡ELLOS CONSTRUYERON LA GIRALDA!

AUNQUE LA PARTE DE ARRIBA ES UN AÑADIDO DEL SIGLO XVI.

1212: La conquista del sur

En **1212**, tres de los principales reinos cristianos, es decir, **Castilla, Aragón y Navarra**, iniciaron una campaña conjunta que resultó en la **BATALLA** más crucial de la Edad Media: la batalla de las **Navas de Tolosa**. Aquí, en la actual provincia de Jaén, chocaron ambos ejércitos, el cristiano y el almohade; y, tras una cruenta batalla y una épica carga final liderada por los reyes cristianos, los almohades sufrieron una **DERROTA** que les costaría gran parte de su territorio. En los siguientes años, los cristianos tomaron ciudades tan importantes como Úbeda y Baeza. ¡Y muy pronto Castilla y Aragón arrebatarían aún más tierras a los musulmanes!

SANCHO VII, REY DE NAVARRA

ALFONSO VIII, REY DE CASTILLA

PEDRO II, REY DE ARAGÓN

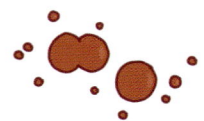

Castilla y Aragón:
los nuevos mandamases

Tras la batalla de las Navas, Castilla se **unió** a León. Con el rey Fernando III y luego su hijo Alfonso X, el reino tomó ciudades tan importantes como Córdoba, Sevilla, Murcia o Cádiz. Ahora que eran cristianas, ¿qué pasó con sus habitantes musulmanes? Pues sencillamente o se marcharon a territorio islámico o se quedaron, pasando a ser conocidos como **mudéjares**: estos pagaban un impuesto especial y solían vivir en una zona llamada **aljama**, el barrio mudéjar de la ciudad.

Alfonso X el Sabio

Este rey fue conocido como «el Sabio» porque tenía gran interés en la **cultura** y la **ciencia**. Incluso participó en la creación de muchas obras, como las famosas *Cantigas de Santa María*. También se publicaron bajo su patrocinio el *Libro de los juegos*, una guía del ajedrez y otros juegos, o la *Estoria de Espanna*, una crónica de todo lo ocurrido hasta su reinado.

Otra de sus grandes iniciativas fue la Escuela de Traductores de Toledo, en la que sabios de las tres culturas (cristiana, musulmana y judía) colaboraron para traducir y compilar todo el saber de la época. ¡Así estaba disponible para todos!

Por otra parte, el reino de Aragón, gobernado por Jaime I el Conquistador, tomó por fin Valencia y en los siguientes años se **EXPANDIÓ** por el Mediterráneo, desde las Baleares hasta las islas italianas de Cerdeña y Sicilia. ¡Los aragoneses se estaban montando su propio **imperio naval**!

◈ Los cinco reinos ◈

Tras las conquistas de los siglos XIII y XIV y la caída del califato almohade a causa de las **LUCHAS INTERNAS** y las **DERROTAS MILITARES**, la península quedó dividida en **cinco reinos**: cuatro cristianos y uno musulmán.

NAVARRA

ARAGÓN

PORTUGAL

CASTILLA

GRANADA

¿REINO DE GRANADA? ¿DE DÓNDE HA SALIDO ESE?

¡DESCÚBRELO EN LA PÁGINA 62!

Arte y cultura en los reinos cristianos

En origen, la cultura de los reinos cristianos se basaba en la visigoda; pero, con el paso de los siglos, fue recibiendo **influencias** de dos mundos: el europeo y, por medio de sus conquistas, el andalusí.

Pero esto no es todo. Al igual que en el resto de Europa, en los **monasterios** se conservaba el saber, gracias a los monjes que lo compilaban en códices escritos a mano. Y entonces surgió una de las rutas más famosas de la historia.

El Camino de Santiago

El conocido como Camino de Santiago era, en realidad, una serie de rutas que llegaban a un lugar muy especial para la cristiandad: Santiago de Compostela. Se suponía que en esta ciudad estaba enterrado el apóstol Santiago, discípulo de Jesús, que había venido a la Hispania romana para difundir la palabra de Cristo. ¡Peregrinos de todo el mundo cristiano acudían a visitar su tumba! Esto convirtió el Camino en algo más que una simple ruta: ¡una fuente de intercambio cultural!

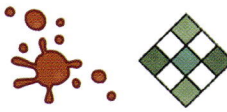

Arte medieval

Prerrománico: Antes de la llegada del estilo románico, los primeros reinos cristianos ya tenían un arte propio, con origen en el arte visigodo. ¡Era *made in* Hispania!

Románico: Procedente de Francia, el románico se puso de moda en toda Europa. Sus muros fuertes, casi de fortaleza, y sus bellas portadas labradas y llenas de color hacían las delicias de los feligreses.

Mudéjar: Cuando los cristianos tomaron zonas de Ál-Andalus, descubrieron que el arte de sus vecinos del sur era realmente bello. ¿Por qué no copiar lo que les gustaba?

Gótico: También de origen europeo, el gótico supuso la construcción de iglesias y catedrales cada vez más altas y complejas. ¡Sus vidrieras llenaban de luz su interior!

¡CONSTRUIR UNA CATEDRAL ERA TODO UN PRODIGIO DE LA ARQUITECTURA!

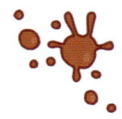

El reino nazarí de Granada

Tras la **DERROTA** de las Navas de Tolosa en 1212, mientras el califato almohade se iba al garete, nació el último reino musulmán de la península: el **reino nazarí de Granada**. En el año 1238, **Muhammad I ibn Nasr**, también conocido como Alhamar, fundó el reino tras llegar a un **ACUERDO** con el rey cristiano Fernando III de Castilla. En ese momento, los musulmanes estaban perdiendo muchas tierras debido al avance de los cristianos. ¿Y cómo logró Muhammad estar tranquilo? Pues convirtiéndose en **vasallo del rey castellano**: esto significaba que tenía que pagarle tributos y ayudarlo en algunas guerras, a cambio de conservar su reino.

A LOS NAZARÍES NO LES FUE NADA MAL. ¡MUCHA POBLACIÓN ISLÁMICA SE MARCHÓ DE LOS REINOS CRISTIANOS Y SE FUE A VIVIR ALLÍ!

GRANADA

El reino de Granada fue **próspero** gracias al comercio: su posición geográfica le facilitaba vender seda y cerámica a lugares del norte de África y el Mediterráneo oriental, lo que lo convirtió en un punto de **intercambio comercial** entre Europa y Oriente. Le iba tan bien que, gracias a las riquezas obtenidas, construyó algo que seguro que te suena: la **Alhambra**, una imponente fortaleza-palacio que sigue siendo una de las grandes maravillas del mundo.

¡Pero no es oro todo lo que reluce! Dentro de la corte granadina había también intrigas por el poder, que dieron lugar incluso a una **GUERRA CIVIL**... ¿Y qué hicieron los reinos cristianos? Pues aprovechar para, poco a poco, comerle trozos de terreno en sucesivas batallas. A esto hay que sumar que, a partir del siglo xv, se abrieron nuevas rutas comerciales directas entre el reino de Portugal y África; ¡Granada ya no era tan importante para el comercio!

Mientras tanto, Castilla no los atosigó mucho porque una guerra civil la tenía entretenida. Pero la guerra acabó y una **nueva reina** cambiaría la historia de Al-Ándalus para siempre.

¿PERO QUIÉN ES?

¿Y QUÉ HARÁ CON EL REINO DE GRANADA?

Los Reyes Católicos

En 1469, dos jovenzuelos se casaban: **Isabel**, infanta de Castilla, y **Fernando**, príncipe de Aragón. ¡Su matrimonio uniría los dos grandes reinos de la península!

ISABEL Y FERNANDO ERAN PRIMOS SEGUNDOS.

¡AL FINAL TODO QUEDA EN FAMILIA!

En teoría, con este matrimonio, Isabel perdía el derecho a heredar el trono de Castilla de su hermano Enrique IV. No obstante, en 1474, Enrique murió, y estalló una guerra de sucesión entre Isabel, que reclamaba el trono con el apoyo de Aragón, y su sobrina, Juana la Beltraneja, con el apoyo del reino de Portugal. Finalmente, en 1479, Isabel se consolidó como reina de Castilla. Y, ese mismo año, Fernando heredó el trono de Aragón. ¿Ya los sitúas? Los conocerás como los **Reyes Católicos**.

LOS DOS REINOS COMPARTÍAN REYES, AUNQUE CADA UNO CONSERVÓ SUS PROPIAS LEYES E INSTITUCIONES.

Gracias a la **FUERZA MILITAR** de Castilla y Aragón, los Reyes Católicos volvieron a la carga contra el reino nazarí. La guerra de Granada duró **diez años** y, finalmente, en 1492, cayó la capital. Así ponían fin a la presencia de gobernantes musulmanes en la península, después de casi **ochocientos años**.

Ese mismo año también se dictó la **EXPULSIÓN** de los judíos: los que desearan quedarse, debían convertirse al cristianismo. Los musulmanes que se quedaron también fueron obligados a convertirse, y se los conoció como «moriscos». ¡Adiós a las tres religiones!

> ### Peligro: ¡Inquisición!
> PARA CONTROLAR QUE TODOS SE HABÍAN HECHO REALMENTE CRISTIANOS, SE CREÓ EL SANTO OFICIO, ES DECIR: LA INQUISICIÓN. ¡MÁS TE VALE CONVERTIRTE DE VERDAD!

Por lo demás, a estos dos reinos cristianos les fue muy bien. ¡Tenían una corte rica y culta! Incluso llegó a ella el **humanismo**, un movimiento cultural que ponía al ser humano en el centro del pensamiento, con destacadas figuras como Beatriz Galindo, la Latina, o Antonio de Nebrija.

Así, con ambas coronas gobernadas por los mismos reyes, se popularizó llamar al conjunto de sus dominios «**España**», un término que venía del Hispania romano y que ya algunos reyes cristianos habían utilizado. Así se dejaba atrás la Edad Media y comenzaba una nueva era: la **Edad Moderna**.

¡TAMBIÉN GRACIAS A UN DESCUBRIMIENTO MUY IMPORTANTE!

LO VERÁS EN LA PÁGINA 68.

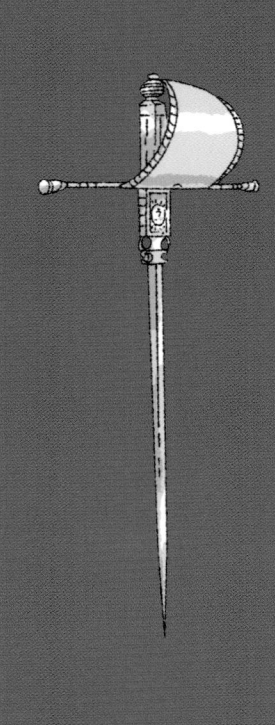

Capítulo III
La Edad Moderna

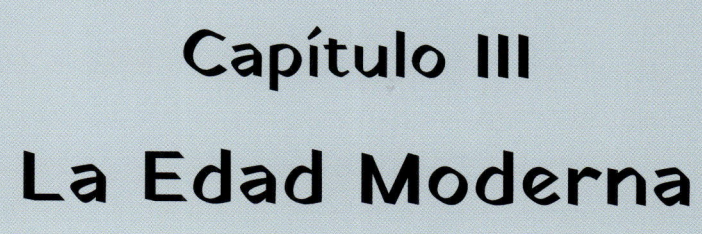

Una nueva ruta a las Indias

En 1492, el reinado de los Reyes Católicos iba bien. Mejor que bien, iba **estupendo**, ya que estaban logrando todos sus objetivos: acababan de **CONQUISTAR** Granada; se habían asegurado la **SOBERANÍA** de las islas Canarias, que habían sido tomadas a principios del siglo xv; se habían hecho con zonas importantes en el norte de África, como Melilla...

Pero todo cambió con la llegada a la **corte** de un experimentado marino: **Cristóbal Colón**. Su origen no está claro: pudo ser genovés, español... ¡o quién sabe!

¿DE DÓNDE SOIS, DON CRISTÓBAL?

SOY DE ¡PRRRT!

Colón traía un plan para alcanzar por otra vía la zona oriental de las Indias y las Molucas (Indonesia): es decir, el **este de Asia**. Era una zona muy preciada para el comercio, sobre todo por las **especias**. Pero, con la **caída de Constantinopla** en manos de los turcos, que eran musulmanes y enemigos de los europeos, las rutas tradicionales, que consistían en bordear África, se habían vuelto un tanto **COMPLEJAS**.

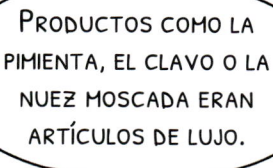

PRODUCTOS COMO LA PIMIENTA, EL CLAVO O LA NUEZ MOSCADA ERAN ARTÍCULOS DE LUJO.

SE USABAN NO SOLO PARA LA COMIDA, SINO PARA HACER PERFUMES. ¡ERAN CARÍSIMOS!

La idea de Colón era establecer un **camino alternativo** entre Europa y Asia aprovechando que la Tierra es **redonda**: si no se podía ir hacia el este... ¿Por qué no probar hacia el oeste, atravesando el Atlántico?

A Colón no le hicieron caso en Portugal, pero, en España, los Reyes Católicos accedieron a **financiar** su expedición. ¡Si lo conseguía, podía significar una gran ventaja! Dicho y hecho: en agosto, una carabela y dos naos llamadas Santa María, Pinta y Niña salieron de Palos de la Frontera, en Huelva; y, el 12 de octubre de 1492, tomaron tierra tras un viaje de más de 70 días.

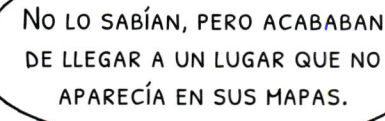

NO LO SABÍAN, PERO ACABABAN DE LLEGAR A UN LUGAR QUE NO APARECÍA EN SUS MAPAS.

TOMARON TIERRA EN UNA PEQUEÑA ISLA DE LAS BAHAMAS... ¡EN AMÉRICA!

Un imperio allende los mares

Colón no lo sabía, pero se había topado con un nuevo continente: **América**. Se bautizó así en honor de Américo Vespucio, un navegante italiano que se dio cuenta en 1507 de que aquello no era Asia, sino otro lugar **NUEVO**.

SERÁ NUEVO PARA TI.

Pronto se firmó un tratado entre **Castilla** y **Portugal**, las dos principales potencias marítimas: el tratado de **Tordesillas**, en el que se pactaban con una línea imaginaria los territorios conquistados en los que ambos reinos tendrían **INFLUENCIA** (*spoiler*: Castilla salió ganando).

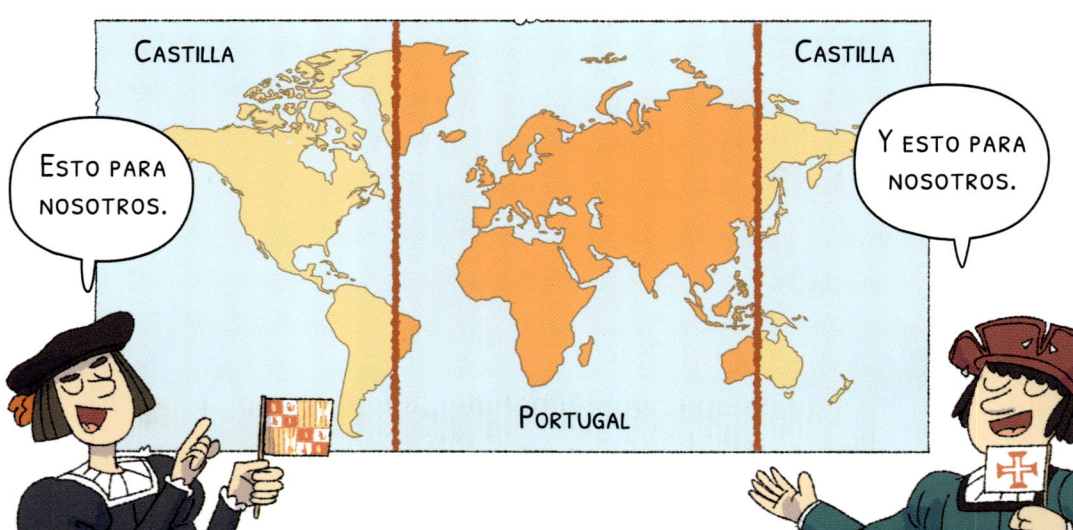

CASTILLA

CASTILLA

ESTO PARA NOSOTROS.

Y ESTO PARA NOSOTROS.

PORTUGAL

En los primeros años, los europeos tan solo encontraron **islas**, en las que no había ni oro ni especias. Pero, al adentrarse más, América resultó ser un continente **fascinante**: en sus expediciones hacia la península del Yucatán, los españoles dieron con pueblos indígenas. ¡Encontraron incluso ciudades enormes! Se habían topado con el **Imperio mexica**, formado por una alianza de varios pueblos y donde los mexicas eran los dominantes.

Los españoles tenían **ARMADURAS DE ACERO** e incluso **ARMAS** de fuego, ¡pero eran muy pocos! ¿Cómo conquistar tan jugoso terreno? Fácil: alíate con los enemigos de tus **ADVERSARIOS**.

¡ODIO A ESTOS MEXICAS! ¡NOS TIENEN SOMETIDOS!

QUIZÁS YO PUEDA AYUDAROS...

Líderes como el extremeño **Hernán Cortés**, que **CONQUISTÓ** México en **1520**, aprovecharon la división interna de los nativos para sumar apoyos y tomar ciudades tan grandes como **Tenochtitlán**, la capital del Imperio mexica. Lo mismo ocurrió durante la conquista del **Imperio inca**, en el actual Perú: **Francisco Pizarro** se puso de parte de un bando durante la **GUERRA CIVIL INCA** y finalmente tomó todo el territorio gracias a sus aliados. ¡La estrategia funcionaba!

Peligro: ¡Enfermedades desconocidas!

SI VIENES DE EUROPA, LAS ENFERMEDADES TROPICALES ACABARÁN CONTIGO Y, SI ERES INDÍGENA, LAS QUE TRAEN LOS EXTRANJEROS SERÁN LETALES PARA TI.

La América de los virreinatos

Pronto el territorio conquistado por España fue **DIVIDIDO** en **dos virreinatos**, cada uno gobernado por un virrey (un subordinado del rey). Los jefes de los pueblos indígenas que se habían aliado con los conquistadores fueron **premiados** con títulos nobiliarios, y se convirtieron en mandamases junto con los españoles. Mientras tanto, estos últimos aportaron numerosos aspectos culturales que se implantaron en América, dando lugar a una **cultura mestiza**.

¡Pero ojo! Toda conquista trae **INJUSTICIAS**: la corona española impuso su **idioma**, **costumbres** y **religión** (el cristianismo) a los indígenas, muchas veces por la fuerza; y, aunque las leyes consideraban súbditos a los nativos americanos (es decir, iguales a los demás habitantes del reino), a menudo se los **OBLIGÓ A TRABAJAR** en plantaciones y minas, y se los trató con **CRUELDAD**. La labor de humanistas como el fraile Bartolomé de las Casas fue muy importante para denunciar estas injusticias y tratar de ponerles **remedio**.

EN SU LABOR DE CONVERTIR A LOS NATIVOS AL CRISTIANISMO, LOS RELIGIOSOS APRENDIERON LAS LENGUAS LOCALES Y LAS DEJARON REGISTRADAS EN TRATADOS.

¡AL MENOS ASÍ NO SE PERDIERON DEL TODO!

Una vuelta al mundo

¿Y qué pasaba con el objetivo original de llegar a las Molucas? En 1513, el explorador Vasco Núñez de Balboa cruzó el actual Panamá y divisó el océano Pacífico, un mar que no conocían: seguro que por allí podrían llegar a las Molucas. Era el momento de intentarlo de nuevo.

En 1520, una expedición comandada por el portugués Magallanes y el guipuzcoano Elcano atravesó el Pacífico hasta Asia y, ya que estaban, dio la vuelta al mundo... ¡por primera vez en la historia! Aunque costó la vida a Magallanes y a muchos tripulantes en una odisea llena de peligros, demostraron que era posible circunnavegar todo el planeta y no morir, o al menos no morir todos, en el intento!

¡ADEMÁS, TRAIGO EL BARCO LLENO DE ESPECIAS!

Peligro: ¡Escorbuto!

UNO DE LOS PEORES MALES QUE AFECTABAN A LOS MARINEROS ERA EL ESCORBUTO, UNA ENFERMEDAD PROVOCADA POR LA FALTA DE VITAMINA C. ¡SE TE CAÍAN LOS DIENTES Y PODÍAS MORIR!

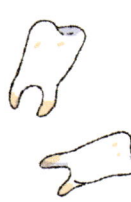

Un cambio de dinastía

Mientras ocurría todo eso en América, en tierras españolas la cosa estaba también interesante: ¡había llegado el fin de la dinastía **Trastámara**, la de Isabel y Fernando!

Tras la muerte del príncipe Juan, el único hijo varón de los Reyes Católicos, la infanta **Juana** se convirtió en **heredera** de los tronos de Castilla y Aragón. No obstante, la dinastía de los Trastámara iba a desaparecer, ya que cualquier hijo de Juana pertenecería a la dinastía de su esposo. Por eso, en la corte andaban como locos buscando un pretendiente que estuviera a la altura de la corona española.

ESTE PARECE GUAPETÓN, ¿NO?

Eligieron a un príncipe extranjero llamado **Felipe**, de la dinastía de los Habsburgo (también conocida como la de los **Austria**). Era hijo de Maximiliano, emperador del Sacro Imperio Romano Germánico, que ocupaba centroeuropa, ¡casi nada!

Felipe se casó con Juana y... ¿vivieron felices y comieron perdices? Pues **NO**. Felipe era un tanto chulo (no en vano le llamaban «el Hermoso»), le encantaba andar con otras mujeres, tenía amargada a Juana y traía de cabeza a su suegro Fernando con sus tonterías. ¡Qué desastre!

Y había más **PROBLEMAS**: por entonces, Aragón estaba enfrascado en una guerra por recuperar Nápoles de manos de los franceses. Lo consiguió en 1504..., pero ese año sería fatal, ya que la reina Isabel falleció. Y dos años después Felipe el Hermoso murió también.

SE CUENTA QUE FELIPE MURIÓ DESPUÉS DE BEBER UN VASO DE AGUA HELADA TRAS JUGAR A LA PELOTA.

SU SUEGRO LO ODIABA... LO MISMO TUVO ALGO QUE VER.

Pese a heredar Castilla de su madre, Juana nunca llegó a reinar: su padre, Fernando, la **ENCERRÓ** en Tordesillas, alegando que estaba **LOCA**.

SEGURO QUE LA CONOCES CCMO JUANA LA LOCA, ¿A QUE SÍ? PUES NO SE CREE QUE LO ESTUVIESE REALMENTE.

¡YO LO QUE QUIERO ES QUE ME SAQUEN DE AQUÍ!

Así, **Fernando** gobernó sobre **Castilla y Aragón** (incluida Navarra, que conquistó más adelante) hasta su muerte en 1516. En ese momento, un joven llegaría a España para reclamar lo que era suyo por derecho: ¡el trono!

BONJOUR? HALLO?

 # Un rey emperador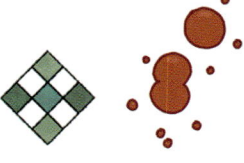

Efectivamente, había un **heredero**: fruto del matrimonio entre Juana y Felipe, en el año 1500 había nacido un niño llamado **Carlos**. Aunque se crió en **Flandes** (en la actual Bélgica), viajó a España tras la muerte de Fernando para tomar la corona.

VINE EN BARCO CON MIS SIRVIENTES Y DESEMBARQUÉ EN LAREDO, CANTABRIA. ¡LOS LUGAREÑOS PENSARON QUE ÉRAMOS PIRATAS Y POR POCO NOS LINCHAN!

Carlos I fue **coronado** como rey de España en **1517**, incluyendo todo lo conquistado en América y las posesiones en Italia. Para ello, mantuvo a su madre Juana encerrada durante todo su reinado. La pobre **MURIÓ** solo un poco antes que él. ¡Menuda crueldad!

Carlos trajo consigo cortesanos, consejeros, sirvientes y más gente a la que colocó en puestos de confianza. Esto no gustó nada a la nobleza de Castilla y Aragón, y pronto empezaron los **PROBLEMAS**. ¿Quiénes eran estos flamencos que ni siquiera hablaban las lenguas del reino?

«FLAMENCOS» ERAN LAS PERSONAS DE FLANDES. ¡NO LAS AVES!

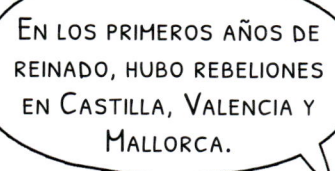

En los primeros años de reinado, hubo rebeliones en Castilla, Valencia y Mallorca.

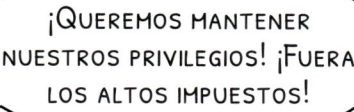

¡Queremos mantener nuestros privilegios! ¡Fuera los altos impuestos!

El descontento del pueblo creció cuando Carlos subió los impuestos. Pero ¿para qué necesitaba **recaudar** tanto dinero? Sencillo. ¿O acaso te olvidas de la herencia de los Austria? Carlos había heredado de su padre territorios en Flandes y, lo más jugoso: la posibilidad de ser emperador del **Sacro Imperio**. Un consejo elegía al emperador entre los príncipes de la casa de Austria. Para convencer al consejo, ¡se necesitaba **DINERO**!

Carlos se salió con la suya y fue nombrado **emperador**: ahora era Carlos I de España y V del Sacro Imperio Germánico. En los siguientes años, se dedicó a ampliar sus dominios y pelear contra enemigos: venció a los franceses en Pavía (Italia), se enfrentó a los protestantes (que rechazaban a la Iglesia católica), y **LUCHÓ** contra los otomanos (es decir, los turcos) en el Mediterráneo. ¡Carlos era **imparable**!

Imparable e insaciable. ¡Era famoso por comer muchísimo!

Felipe II, el rey prudente

Carlos V había logrado que la monarquía hispánica fuese la más **PODEROSA** de Occidente. Pero el emperador estaba cansado y, en 1556, entregó la corona a **su hijo Felipe**; luego, se marchó al monasterio de Yuste (en Extremadura), donde moriría un par de años después.

El negro era el color de los poderosos. El tinte se hacía con un árbol de México: ¡era muy caro!

Felipe II heredó un **imperio** enorme. Y sus dominios aumentaron en 1580, cuando fue nombrado rey de **Portugal**, ya que el trono había quedado vacío y su madre Isabel era infanta del reino.

CARLOS V HABÍA ELEGIDO BIEN A SU ESPOSA, ESTÁ CLARO... PERO OJO, ¡ERA SU PRIMA HERMANA!

YA, Y FELIPE II SE CASÓ CON CUATRO MUJERES, ENTRE ELLAS UNA PRIMA Y UNA SOBRINA. TODO MUY RARO...

Esto, unido a conquistas como la de Filipinas, hizo que la Corona española controlara territorios por todo el globo. Por eso se conocía como «el imperio donde nunca se pone el sol». Felipe II lo gobernó desde Castilla, trasladando la corte a Madrid y estableciendo su residencia en el monasterio de San Lorenzo de El Escorial.

¡ ALLÍ LEVANTÓ UNA BIBLIOTECA Y UNA COLECCIÓN DE RELIQUIAS TREMENDA!

Pero el pobre no tuvo un minuto de paz: además de las **intrigas** de palacio, tuvo que enfrentarse a los moriscos de las Alpujarras, que se **REBELARON** entre 1568 y 1571. Y, por si eso fuera poco, heredó una deuda tremenda de su padre. De hecho, el Estado acabó declarando la **BANCARROTA** varias veces. ¡No había ni para pagar a los soldados!

Pero, claro, es que las guerras son **caras**. Felipe se apuntó muchos tantos importantes, como la victoria frente a Francia en la batalla de San Quintín (1557), y frente a los turcos en Lepanto (1571). Pero también le tocó lidiar con los rebeldes del norte de los Países Bajos, que querían **independizarse** y, para colmo, contaban con la ayuda de Inglaterra. ¡Como si Felipe no tuviera ya bastante! Incluso se empeñó en conquistar Inglaterra enviando una enorme flota... ¡que fue casi destruida por una **tormenta** en el mar!

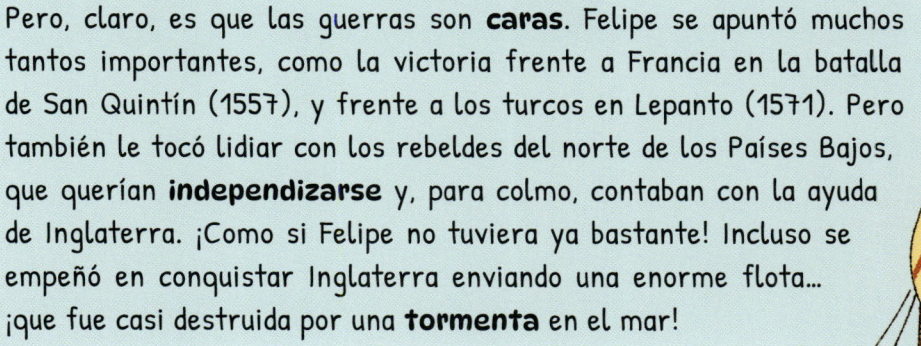

Felipe III, un rey fiestero

Tras la muerte de Felipe II, en 1598, su hijo fue coronado rey de España y Portugal: Felipe III. El nuevo rey heredaba muchos **CONFLICTOS** del reinado de su padre, pero, sinceramente, no tenía ganas de guerras y desgracias; así que se centró en buscar la **paz**.

Y es que el rey y su esposa preferían estar a otras cosas más agradables como las **fiestas**, los **banquetes**, la **música** y el **arte**. Por eso, Felipe III decidió buscar un hombre de confianza que gobernase por él: una especie de primer ministro con gran poder. Este cargo se llamaba «**valido**».

ESTO ME LO HAN DE GOBERNAR.

Pero su reinado tuvo también una parte más **OSCURA**. En 1609 ordenó expulsar a los moriscos por temor a una nueva rebelión.

¡HABÍA UNOS 350 000 MORISCOS EN UNA POBLACIÓN TOTAL DE 8 MILLONES!

ESTO PROVOCÓ UNA CRISIS, YA QUE LOS MORISCOS TRABAJABAN LOS CAMPOS EN MUCHAS ZONAS DE ESPAÑA.

En estos años hubo varios validos, pero el más influyente fue el **duque de Lerma**: Francisco de Sandoval y Rojas. Se encargó de asesorar al monarca y, en muchos casos, tomó decisiones en su nombre. Él logró la importante **tregua de los Doce Años** con los Países Bajos en 1609, un acuerdo que permitió a la monarquía hispánica reponer fuerzas tras décadas de carísimas guerras.

También fue el duque de Lerma quien convenció a Felipe III para trasladar la corte de Madrid a **Valladolid**. ¿El motivo? Pues se decía que el valido tenía jugosos negocios en la ciudad y había comprado propiedades para luego venderlas a los cortesanos que se instalaran allí.

¿ME ESTÁS DICIENDO QUE EL DUQUE MONTÓ UN NEGOCIO INMOBILIARIO?

SE VENDE

Pero todos estos tejemanejes le pasaron factura y las sospechas de corrupción, muchas propagadas de manera infundada por sus rivales, propiciaron su **CAÍDA**... ¡Aunque se libró! Y es que el duque se hizo **cardenal** para **salvarse**. ¡Qué morro!

El Santo Oficio

¿Te acuerdas del **Tribunal del Santo Oficio** (o Inquisición), creado en 1478 por los Reyes Católicos? Aún en los siglos XVI y XVII seguía **PERSIGUIENDO** a los falsos conversos al cristianismo: los judaizantes, que seguian siendo judíos, y los «marranos», que seguían practicando el islam, ambos en **secreto**. Su objetivo: mantener la uniformidad religiosa en todos los reinos de la Corona. Para ello se creó un **tribunal especial**, formado por religiosos, ¡e incluso una de red de **informadores**!

¡NO LO HE VISTO COMER TOCINO JAMÁS!

UHM...

Aunque se asocian la **TORTURA** y la **PENA DE MUERTE** con la Inquisición, sus miembros no ejecutaban directamente. Entregaban a los condenados a la **justicia civil** que, tras ser juzgados por la Inquisición, los sometía a un **auto de fe**: una ceremonia pública donde se leían y ejecutaban las sentencias. En la mayoría de casos eran multas, confiscaciones o castigos simbólicos, como la humillación de vestir el sambenito. ¡Aunque a veces se los condenaba a muerte en la **HOGUERA**!

El sambenito era una prenda con un capirote en el que se escribían los pecados.

¡No debí decir eso!

Pese a su mala fama, en los tres siglos que estuvo en activo, la Inquisición «solo» acabó con la vida de unas **tres mil personas**. La realidad es que se dedicaba más a **CASTIGAR** pequeños delitos, a **CENSURAR** libros y a redactar toneladas de **informes**.

 Caza de brujas

Pero ¿y las **brujas**? Por curioso que pueda resultar, la Inquisición española no persiguió masivamente la brujería, ya que no se consideraba un peligro real. El caso más famoso fue el proceso de las brujas de Zugarramurdi, en Navarra (1610), donde una serie de personas, casi todas mujeres, fueron juzgadas y **EJECUTADAS** por supuestas prácticas de **HECHICERÍA**.

Tras este hecho, la Inquisición empezó a considerar que las denuncias por brujería eran fruto de meras supersticiones y del miedo de la población. A diferencia de otros países de Europa o de Estados Unidos, con los famosos procesos de Salem, en España **no hubo masivas cazas** de brujas.

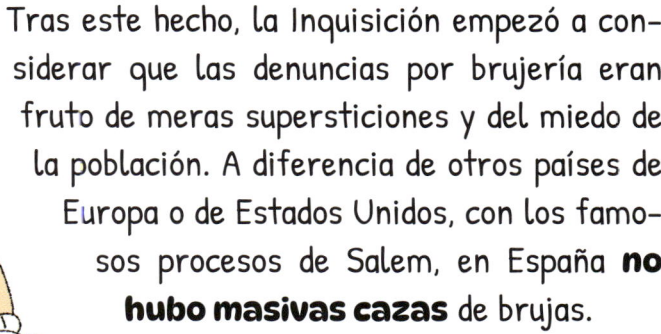

 # Felipe IV, «el rey planeta»

Felipe IV accedió al trono en 1621, tras la muerte de su padre Felipe III. ¡Por entonces aún no había cumplido los **16 años**! Además, la monarquía hispánica seguía en un momento muy **DIFÍCIL**: a pesar de los intentos de Felipe III de dejar los líos a un lado, la corona seguía **ARRUINADA** y, durante el reinado de Felipe IV, España perdió su hegemonía en Europa.

Y, ADEMÁS, LA JUVENTUD DEL REY FUE... DIGAMOS QUE INTENSA.

¡TUVO UN MONTÓN DE HIJOS NO RECONOCIDOS CON SUS AMANTES!

La **guerra de los Treinta Años** (1618-1648) surgió de la pugna entre católicos y protestantes (dos ramas del cristianismo). Empezó en Alemania, pero se convirtió en una **GUERRA EUROPEA** entre las grandes potencias. Supuso un esfuerzo militar insoportable para España, que, al firmar la **Paz de Westfalia**, se vio obligada a aceptar la independencia de Portugal y las Provincias Unidas de los Países Bajos. Esto **DEBILITÓ** la posición internacional de la monarquía hispánica.

Para seguir adelante, Felipe IV **confió** en su valido, el **conde-duque de Olivares**: un personaje ambicioso que impulsó reformas para frenar la corrupción y fomentar la economía. De igual forma, intentó **centralizar** el poder de la Corona, aplicando las leyes e instituciones de Castilla en todos los reinos para **reforzar** la autoridad del rey, aunque no lo consiguió del todo.

◆ La Unión de Armas ◆

Una de las principales iniciativas de Olivares fue la **Unión de Armas**: la creación de un gran ejército financiado por todos los territorios de la monarquía, ya que solo Castilla tenía realmente un ejército. Sin embargo, los intentos de unificar y repartir las cargas bélicas y económicas provocaron numerosas **REBELIONES** en Nápoles o Aragón, como la de los segadores en Cataluña, que se levantaron en armas contra el rey. ¡Los problemas no tenían fin y el dinero se evaporaba!

Los Siglos de Oro: el Renacimiento

Todo este primer período de la Edad Moderna es conocido como los Siglos de Oro. ¿Es porque las calles estaban llenas de oro? Nada de eso. Pero fue una época en la que España **gozó** de una **posición privilegiada** en la escena mundial.

Para empezar, gran parte de **América** pertenecía a la Corona, y allí había grandes y ricas ciudades con su propia aristocracia.

España también dominó los **CAMPOS DE BATALLA** y las rutas comerciales durante casi todo el siglo XVI, incluyendo la relación con China, las Filipinas y las famosas Molucas. Otras naciones, como Francia o Inglaterra, tardaron mucho en aprender a navegar el Atlántico y el Pacífico. Así nació la ruta del **Galeón de Manila**, que iba desde Asia hasta Acapulco (en México), continuaba por tierra, y volvía a zarpar rumbo a Sevilla.

¿QUÉ LLEVABAN LOS BARCOS? PORCELANA CHINA, SEDA, ESPECIAS... ¡TODO LUJOS!

¡INCLUSO LA MODA ERA IMITADA EN EUROPA!

¡ME GUSTA VESTIR «A LA ESPAÑOLA»!

¿Y la **cultura**? Pues una **maravilla**. En los Siglos de Oro, sobre todo en sus inicios, surgieron pintores, poetas y literatos brillantes que seguían el espíritu del Renacimiento italiano. ¡Seguro que te suenan!

Garcilaso de la Vega (1503-1536): El poeta más importante del Renacimiento, sobre todo por introducir el estilo italiano en la poesía castellana.

Santa Teresa de Jesús (1515-1582): Esta monja escribió obras místicas sobre sus vivencias espirituales.

Alonso Sánchez Coello (1532-1588): Pintor de cámara de Felipe II. Sus retratos de la familia real y la nobleza crearon toda una escuela.

Doménikos Theotokópoulos, el Greco (1541-1614): Aunque nació en Creta (Grecia), trabajó en la corte cuando estaba en Toledo. ¡Su estilo es único!

Miguel de Cervantes Saavedra (1547-1616): Autor, entre otras, de *El ingenioso hidalgo don Quijote de la Mancha*, considerada la primera novela moderna. ¡Casi nada!

Lope de Vega (1562-1635): Poeta y autor de obras de teatro como *El caballero de Olmedo*. Renovó el teatro con su exitosa *comedia nueva*.

Los Siglos de Oro:
la intensidad del Barroco

A finales del siglo xvi y a lo largo del xvii, las cosas cambiaron: España tenía cada vez más **PROBLEMAS**... ¡Pero la cultura española siguió con su **explosión artística**! Fue gracias en parte a Felipe IV, que amaba el arte y lo patrocinó mientras se popularizaba el Barroco.

El Barroco

El Barroco fue un **movimiento artístico** surgido en Europa. En pintura, destaca el uso dramático de la luz y las sombras; en escultura y arquitectura, abunda la ornamentación recargada; en literatura, se usaban recursos complejos y juegos de palabras. ¿El objetivo? **Impactar** al espectador o lector con la belleza y las emociones que transmitían las obras.

¡AY, DIOS MÍO, QUÉ TRÁGICO!

Diego Velázquez (1599-1660): Probablemente el mejor pintor español de la historia. Trabajó en la corte y es autor de obras tan famosas como *La familia de Felipe IV*, más conocida como *Las meninas*.

Sor María de Jesús de Ágreda (1602-1665): Fue consejera espiritual y política de Felipe IV y escribió influyentes textos teológicos como *Mística Ciudad de Dios*.

Bartolomé Esteban Murillo (1617-1682): Otro de los grandes de la pintura. En sus obras, llenas de escenas costumbristas, se puede ver la vida de la época, sobre todo la de los más humildes.

Luis de Góngora (1561-1627): Un poeta tan bueno que creó su propio estilo, el culteranismo, basado en el uso de un lenguaje muy elaborado. La *Fábula de Polifemo y Galatea* es una de sus obras más importantes.

Tirso de Molina (1579-1648): Este fraile creó el famoso personaje de don Juan en *El burlador de Sevilla*. ¡Su obra inspiró a artistas posteriores que hicieron su propia versión!

Francisco de Quevedo (1580-1645): Llegó a ser poeta en la corte, y escribía prosa sobre filosofía y política, aunque a veces se ponía bromista. Entre sus obras están *Historia de la vida del Buscón* y los *Sueños*. Además, escribió algunos de los sonetos más bellos de nuestra lengua.

Góngora y Quevedo se llevaban fatal. ¡Se dedicaban sonetos insultantes el uno al otro!

Pedro Calderón de la Barca (1600-1681): Soldado, sacerdote, poeta de la corte y autor de obras teatrales excelentes, como *El alcalde de Zalamea* o *La vida es sueño*.

Y LOS SUEÑOS ¡SUEÑOS SON!

Carlos II, el último Austria

Cuando Felipe IV murió, en 1665, su hijo **Carlos** aún era un niño, así que su esposa **Mariana de Austria** (que también era su sobrina) gobernó como regente junto con varios validos. Pero durante la regencia hubo grandes **PUGNAS** y **CONSPIRACIONES** por el poder.

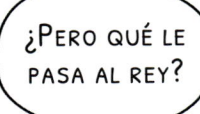

¿PERO QUÉ LE PASA AL REY?

DIGAMOS QUE NO ES MUY AGRACIADO.

Carlos II, por desgracia, tenía una salud bastante **DELICADA** y esto le complicó la vida. Pese a todo, se rodeó de una serie de asesores con un objetivo muy claro: **sanear** las maltrechas arcas del estado y **reestructurar** el reino, ¡todo un reto en una España que llevaba años empobreciéndose y perdiendo territorios en Europa!

DURANTE ESTA ÉPOCA, EL CHOCOLATE, VENIDO DE AMÉRICA, SE HIZO MUY POPULAR.

¡AL REY CARLOS LE ENCANTABA!

La cosa es que... ¡logró sanear las cuentas! Sin embargo, Carlos II se hacía mayor y, pese a sus dos matrimonios, no consiguió tener hijos, lo cual supuso el **fin** de la dinastía de los Austria en España. Tras su muerte en 1700, empezó la pelea por el trono: la **GUERRA DE SUCESIÓN**.

La guerra de Sucesión

En su **testamento**, Carlos II había elegido como sucesor a **Felipe de Anjou**, un duque francés de la dinastía **Borbón**, bisnieto de Felipe IV y, por tanto, familiar lejano. Esto provocó un **CONFLICTO INTERNACIONAL**, ya que potencias como Gran Bretaña o las Provincias Unidas se negaban a darle la corona española a un francés; si la misma dinastía gobernaba España y Francia, ¡podría acabar dominando Europa! Por otro lado, Austria quería mantener su casa, la de los Habsburgo, en el trono español. Por eso, todos estos preferían al archiduque Carlos de Austria, heredero del Sacro Imperio Romano Germánico.

En España, zonas como Aragón, Cataluña, Baleares y Valencia tampoco aceptaban a Felipe, ya que con él perderían sus fueros (es decir, sus leyes y privilegios propios). Así comenzó una especie de **GUERRA CIVIL**, en la que participaron aliados extranjeros de cada bando: los austracistas (partidarios del Habsburgo) y los borbónicos. Estos últimos vencieron.

Peligro: ¡Duelos!

DURANTE ESTE CONFLICTO HUBO DUELOS A TIRO LIMPIO ENTRE EJÉRCITOS. ¡UN DISPARO PODÍA SIGNIFICAR UNA MUERTE LENTA Y DOLOROSA!

Felipe V y los Borbones

Tras la **victoria** de las tropas borbónicas en 1714, Felipe V se afianzó como rey de España. Así inauguraba una dinastía que llega hasta nuestros días: la de los **Borbones**. De todas formas, la victoria no había salido del todo bien, ya que, al firmar el **Tratado de Utrecht**, se reconoció a Felipe como rey a cambio de que Gran Bretaña se quedara con Gibraltar y Menorca, y Austria con los Países Bajos españoles, Nápoles, Cerdeña y Milán.

¡ALGÚN DÍA RECUPERAREMOS NÁPOLES!

BUENO, AL MENOS LE QUEDABAN SUS POSESIONES EN AMÉRICA Y ASIA.

La nueva dinastía trajo consigo una forma distinta de gobernar: el **absolutismo centralista**. Esto significaba que el rey era el único que mandaba y las leyes eran iguales en todos los reinos de España, al contrario que en la época de los Austria, donde cada reino tenía sus propias leyes y consejos.

ESTE SISTEMA SE IMPUSO CON LOS DECRETOS DE NUEVA PLANTA.

ESTO ES UN POCO LO QUE HABÍA INTENTADO HACER EL CONDE-DUQUE DE OLIVARES, ¿NO?

Los siguientes Borbones

Luis I (1707-1724)

Hijo de Felipe V de Borbón y María Luisa de Saboya, llegó al trono en 1724, tras la abdicación de su padre, y murió 229 días después. Por eso, su padre Felipe V tuvo que volver a gobernar, ¡aunque su estado mental era lamentable!

A FELIPE V SE LE FUE LA CABEZA EN SU MADUREZ. ¡DECÍA QUE ERA UNA RANA!

Fernando VI (1713-1759)

El cuarto hijo de Felipe V subió al trono tras la muerte de este. Se dedicó a reformar la economía, modernizar la Armada y mejorar el comercio con América, además de fomentar muchas obras públicas. ¡Aunque solo reinó trece años!

Carlos III (1716-1788)

Otro hijo de Felipe V, solo que primero fue rey de Nápoles y Sicilia, reinos que arrebató a los austriacos en 1734. Luego, tras la muerte sin descendientes de Fernando VI en 1759, se convirtió en rey de España. ¡Se le considera el mejor alcalde de Madrid! Es también famoso por estrenar una nueva forma de gobierno: el despotismo ilustrado.

El despotismo ilustrado

Durante el siglo XVIII, se extendió por Europa la **Ilustración**: un movimiento que defendía el uso de la **razón** y la **crítica** frente a la tradición y las creencias. Además, proponía un **cambio** político y social: ¡acabar con el Antiguo Régimen y su sociedad estamental!

La sociedad estamental

Desde la Edad Media hasta finales de la Edad Moderna, la sociedad estuvo dividida en tres estamentos o clases sociales.

Nobleza: Privilegiados que poseían grandes terrenos, apenas pagaban impuestos y ejercían algún papel en el gobierno.

Clero: Miembros de la Iglesia católica, desde obispos importantes hasta humildes frailes. También disfrutaban de privilegios, como no pagar impuestos.

Tercer Estado: El estamento más numeroso, que comprendía a la gran mayoría de la población y no gozaba de privilegios: campesinos, artesanos y burgueses, que eran los más ricos de este estamento.

Injusto, ¿no? La idea de acabar con esto parece muy bonita, ¡pero los reyes no estaban dispuestos a perder su poder! Así que Carlos III hizo reformas para mejorar ciertos aspectos de la sociedad, pero sin renunciar al absolutismo. Lo que se llama «despotismo ilustrado».

TODO PARA EL PUEBLO, PERO SIN EL PUEBLO.

¿Y qué **reformas** son esas? Se intentó mejorar la industria y la agricultura creando las «sociedades económicas», compuestas por la élite ilustrada. También se crearon colegios y escuelas de medicina, ingeniería... Así, se le quitaba importancia a la Iglesia, que era la que tradicionalmente **CONTROLABA** la educación, especialmente a través de los jesuitas, una orden religiosa.

> EXPULSARON A LOS JESUITAS DE TODO EL IMPERIO.

La América española

Mientras tanto, en los virreinatos de América, el siglo XVIII había sido muy próspero: gracias al comercio y la minería, había florecido una sociedad muy rica. Los más beneficiados fueron los criollos, es decir, descendientes de los españoles, nacidos ya en América.

| CRIOLLO | INDIA | MESTIZA | NEGRO | MULATA |

Sin embargo, también se fue creando una «conciencia criolla»: los criollos se sentían discriminados por la corte de Madrid, ya que desde allí se nombraban los altos cargos de América.

> LA ILUSTRACIÓN TRAÍA IDEAS DE LIBERTAD, Y ESO, JUNTO CON CIERTOS ACONTECIMIENTOS, SUPONDRÍA EL FIN DE LA EDAD MODERNA.

Capítulo IV

La Edad Contemporánea

 # Carlos IV y los Bonaparte

A finales del siglo XVIII, siguiendo el espíritu de la Ilustración, ocurrieron acontecimientos muy importantes. En Norteamérica, las Trece Colonias se **INDEPENDIZARON** del Imperio británico, convirtiéndose en los Estados Unidos; y, en Europa, Francia vivió un hecho que inauguraría la **Edad Contemporánea**.

La Revolución francesa

En 1789, el pueblo francés empezó a rebelarse ante la desigualdad social, los abusos de la monarquía y la crisis económica. Tras grandes disturbios y **VIOLENCIA**, se inició una etapa de cambios: se **abolieron** la monarquía y los **privilegios feudales**, y se proclamó la Declaración de los Derechos del Hombre, que entendía que todos debían ser iguales ante la ley (aunque solo los varones).

La Revolución pasó por varias fases, hasta que **Napoleón Bonaparte**, un joven oficial del ejército, tomó el poder y acabó con la República, autoproclamándose **emperador** en 1804.

FUE BONITO MIENTRAS DURÓ.

Por aquel entonces, en España reinaba Carlos IV, hijo de Carlos III. Pero no tenía muchas ganas de gobernar, así que puso el poder en manos de **Manuel Godoy**, que ocuparía el puesto de primer ministro. ¿Y cuál era su postura respecto a Francia?

CUANDO LOS REVOLUCIONARIOS DECAPITARON AL REY FRANCÉS, GODOY ENTRÓ EN PÁNICO. ¡GLUPS!

POR ESO, ESPAÑA SE ALIÓ CON OTROS PAÍSES QUE TEMÍAN LAS NUEVAS IDEAS DE FRANCIA.

Sin embargo, con el fin de la época dura de la Revolución y la llegada de un gobierno más moderado a la República francesa, la cosa se calmó, y Godoy acabó **pactando** con ellos en 1796, para enfrentarse juntos a Gran Bretaña, su enemigo común. Pero en la **batalla de Trafalgar**, en 1805, la flota franco-española fue **DERROTADA**. ¡Menudo desastre!

De todos modos, la alianza no acabó ahí, y en 1807 se firmó el Tratado de Fontainebleau. Para entonces, Napoleón ya se había coronado emperador, y firmó aquel acuerdo con Godoy para que España permitiera que las tropas francesas atravesaran su territorio. ¿El objetivo? **INVADIR** Portugal, aliado de Gran Bretaña (al menos, en teoría.)

¡SOLO VAMOS DE PASO!

¿SEGURO?

 # La guerra de la Independencia

Como ya sospechas, los franceses vinieron para **QUEDARSE**. Napoléon, muy hábil, logró que Carlos IV y su hijo Fernando VII (que, tras la abdicación de su padre, llevaba un mes siendo rey) fuesen a Bayona (Francia). Allí, los obligó a **renunciar** al trono, y puso a su hermano, **José Bonaparte**, como rey de España. ¡Acababa de echar a los Borbones!

JOSÉ I BONAPARTE ERA CONOCIDO POR EL PUEBLO COMO PEPE BOTELLA.

QUÉ GRACIOSOS, ESTOS ESPAÑOLES. ¡SI YO NO BEBO!

Lo cierto es que en España hubo un sector, los llamados **afrancesados**, que recibió con entusiasmo a José I. ¿Por qué? Pues porque compartían las ideas ilustradas de Francia. Sin embargo, la mayoría no veía con buenos ojos esta imposición, y el 2 de mayo de 1808 estalló un **LEVANTAMIENTO** popular en Madrid: había empezado la guerra de la Independencia.

EL 3 DE MAYO, LOS FRANCESES FUSILARON A MUCHOS DE LOS QUE PARTICIPARON EN EL LEVANTAMIENTO.

Con el estallido de la guerra y ante la ausencia de los reyes, en las provincias españolas surgieron las **Juntas**, donde nobles, intelectuales, religiosos, militares y miembros de los gremios se reunían para tomar decisiones. Estas Juntas eran coordinadas por la Junta Central, que hacía las veces de gobierno y dirigía la resistencia contra los franceses.

Bajo el mando de la Junta Central, se formaron **MILICIAS** y **GUERRILLAS** populares que atacaban a los franceses: primero en **EMBOSCADAS**, haciéndoles la vida imposible, y después en campo abierto. La primera gran derrota francesa fue en la batalla de **Bailén** (en la provincia de Jaén), en julio de **1808**.

SIRE, HA PASADO ALGO EN ESPAÑA.

Por supuesto, Napoleón no iba a quedarse de brazos cruzados. Lanzó a sus tropas por toda la geografía española, asediando ciudades como Zaragoza, ¡que estuvo bajo ataque **nueve meses**! Pero los intentos de Napoleón de conquistar Rusia debilitaron a las tropas que tenía en España, y encima los ingleses se unieron a la fiesta, ya que Francia también era su enemiga. Así pues, en 1813, tras **DERROTAS** como la de Vitoria, a Napoleón no le quedó otra que firmar la vuelta de **Fernando VII** al trono.

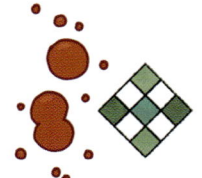

¡Viva la Pepa!

En 1810, tres años antes del final de la **GUERRA**, la Junta Central se había trasladado a Cádiz, única ciudad no tomada por Francia. Allí se crearon las **Cortes**, formadas por representantes de todos los territorios. Y juntos redactaron la **Constitución de 1812**, ¡la primera de la historia de España!

SE LA CONOCE COMO «LA PEPA» PORQUE FUE PROMULGADA EL DÍA DE SAN JOSÉ.

¡VIVA LA PEPA!

Esta Constitución, basada en **principios liberales** (es decir, de libertad), se oponía al Antiguo Régimen.

Soberanía nacional: Reconocía que el poder reside en el pueblo y los representantes elegidos por este (¡no en el rey!).

Separación de poderes: Unos se encargaban de crear las leyes, otros de aplicarlas y otros de impartir justicia. Así se evitaba que una sola persona o grupo lo controlara todo.

Sufragio masculino: Los varones que cumplían ciertos requisitos, como ejercer algunas profesiones y tener cierto estatus social, tenían derecho a votar a sus representantes.

Libertades: De expresión, de prensa, de reunión… ¡Básicas para una sociedad libre!

¡CUANDO EL REY VUELVA VA A ESTAR ENCANTADO!

SÍ, BUENO...

 ## Fernando VII, un rey traidor

Cuando, en 1814, Fernando VII volvió a España, todo esto le sonó a **chufla**. ¿Una Constitución? ¿Principios liberales? Fernando no estaba dispuesto a **renunciar** al poder absoluto de sus antecesores. Así, durante seis años, conocidos como **Sexenio Absolutista**, gobernó a su antojo.

Pero esto enfadó a los liberales y, tras un **LEVANTAMIENTO** militar, el rey fue obligado a jurar la Constitución. Esto inauguraba un nuevo período: el **Trienio Liberal**.

Pero sí, Trienio, porque el invento duró solo tres años. En 1823, Francia (que volvía a ser una monarquía) mandó una expedición que ayudó a Fernando VII a reponer el **absolutismo**.

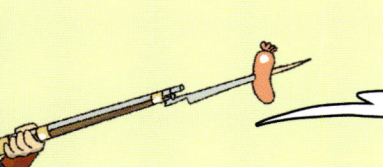

ESTA EXPEDICIÓN ERA CONOCIDA COMO LOS «CIEN MIL HIJOS DE SAN LUIS».

Así comenzó la Década Ominosa: diez años de monarquía absolutista en los que se persiguió a los liberales, **ENCARCELÁNDOLOS** y **EJECUTÁNDOLOS**. ¡Muchos se **exiliaron** para salvar la vida! España había vuelto al Antiguo Régimen.

Peligro: ¡Ideas liberales!

FERNANDO VII PERSIGUIÓ A TODOS LOS QUE HABLABAN DE IGUALDAD Y SEPARACIÓN DE PODERES. ¡MÁS TE VALE NO SER DE ESOS!

 # Las independencias americanas

Mientras tanto, ¿qué sucedía en los virreinatos de **América**? Si te acuerdas, los criollos estaban **MOSQUEADOS** ya desde el siglo XVIII, lo que dio lugar a una serie de rebeliones, que se intensificaron con José I Bonaparte y la guerra contra los franceses y, después, con Fernando VII.

Los criollos aspiraban a mayores **derechos** políticos y económicos, y no querían que los gobernaran desde un lugar tan lejano y desconocido como Europa. ¡Las ideas liberales habían llegado a América!

¡QUEREMOS SER INDEPENDIENTES!

OIGA, PUES YO NO.

Así comenzaron una serie de conflictos, que en realidad fueron **GUERRAS CIVILES**, entre dos bandos: los **realistas** (es decir, los partidarios de la monarquía española) y los **independentistas** (que querían formar sus propias naciones). Si bien en algunos lugares los ejércitos virreinales lograron frenar estos movimientos, poco a poco fueron apareciendo repúblicas independientes. En la península estaban liados con la guerra contra los franceses, ¡resultaba imposible mandar refuerzos y dinero al otro lado del océano!

En la década de 1820, se iniciaron una serie de **campañas militares** lideradas por figuras como Simón Bolívar en las actuales Colombia, Bolivia o Venezuela, José de San Martín en Argentina o Miguel Hidalgo en México. Las **BATALLAS** definitivas fueron la de Ayacucho en 1824, que marcó el fin del dominio español en Sudamérica, y el sitio del Callao, que concluyó en 1826 con la **rendición** del último bastión realista.

Así surgieron múltiples **repúblicas independientes**, como México, Colombia, Perú y Argentina.

Sin embargo, la independencia no trajo consigo la igualdad social que muchos ansiaban: los nuevos Estados enfrentaron problemas internos, como guerras civiles o incluso conflictos con sus países vecinos.

España reconoció oficialmente la **independencia** de sus antiguas posesiones en 1836, tras la muerte de Fernando VII, y tan solo unas pocas islas en América continuaron perteneciendo al Imperio.

 # Un conflicto dinástico

Hacia 1830, Fernando VII no estaba bien de **salud**, pero no tenía un heredero varón. Si moría así, el trono iría a su hermano Carlos María Isidro. Por eso, Fernando decretó que las **mujeres** podían heredar el trono. ¡Justo a tiempo, porque meses después nació su hija **Isabel**!

Esto no gustó a los más conservadores, que apoyaban a Carlos María Isidro, así que Fernando VII buscó el apoyo de los liberales moderados para su hija. Cuando el rey murió, en 1833, Isabel aún era una niña, así que su madre, **María Cristina**, fue nombrada **regente**.

Y ALGUIEN SE PUSO CELOSO CON ESTO… ¿A QUE ADIVINAS QUIÉN?

¿EN SERIO VAIS A PONER A ESTA A GOBERNAR?

Regencia

El período de regencia fue **CONVULSO** desde el principio. Y es que los partidarios de Carlos María, los llamados **carlistas**, iniciaron una rebelión en el País Vasco, Navarra y Cataluña. Esta **primera guerra carlista** (1833-1840) fue **BRUTAL** y acabó con la victoria de los partidarios de Isabel, comandados por el general Espartero.

Ese mismo general lideraría en 1840 un levantamiento contra María Cristina, tomando su lugar como regente, pero fue obligado a **DIMITIR** en 1843. Al final, ¡Isabel fue coronada con trece años!

  # El reinado de Isabel II

Con la coronación de **Isabel II** llegaba la monarquía liberal a España, con **dos partidos liberales** (el moderado y el progresista), aunque no siempre tuvieron el mismo poder. Primero hubo una Década Moderada (1844-1854), en la que presidentes conservadores como Narváez unificaron leyes e impuestos, centralizando el poder. En esta época también se creó la **Constitución de 1845**, que otorgaba más poder a la reina.

Pero los progresistas se hartaron y, en 1854, el general O'Donnell lideró un **LEVANTAMIENTO** que, con el apoyo popular, inició el Bienio Progresista (1854-1856). Aunque fue el propio O'Donnell quien acabó con él, formando un partido centrista llamado Unión Liberal.

A partir de 1856, la Unión Liberal y los moderados se alternarían en el poder, gobernando de forma autoritaria, hasta que... ¡llegó la **revolución**!

DURANTE ESTA ÉPOCA SE INICIÓ LA INDUSTRIALIZACIÓN EN EL NORTE DEL PAÍS.

Pintura, letras y dramas del xix

 Goya

Aunque ya habían acabado los Siglos de Oro, durante el siglo xix surgieron igualmente grandes artistas y escritores. Uno de los ejemplos más destacables fue el pintor y grabador zaragozano **Francisco de Goya y Lucientes** (1746-1828), que fue pintor de cámara del rey Carlos IV y testigo de la **GUERRA DE LA INDEPENDENCIA**.

GOYA RETRATÓ SU ÉPOCA COMO NADIE.

El Romanticismo

El Romanticismo es un **movimiento cultural** que se desarrolló en Europa desde fines del siglo xviii hasta la primera mitad del xix. Exaltaba la libertad creativa, la fantasía y los sentimientos. Eran temas comunes en la literatura y la pintura la naturaleza (con una gran carga simbólica como reflejo del estado de ánimo del artista), el amor, la muerte…, pero también asuntos mitológicos e históricos.

Mariano José de Larra (1809–1837)

Periodista y ensayista romántico. Famoso por sus artículos críticos como «Vuelva usted mañana», que trata con humor la burocracia. ¡Vivió muy poco, ya que se quitó la vida!

José Zorrilla (1817–1893)

Poeta y dramaturgo. Autor de la obra teatral *Don Juan Tenorio*, la versión más popular del mito de don Juan, ¡el personaje que creó Tirso de Molina, sí!

Gustavo Adolfo Bécquer (1836–1870)

Poeta y narrador del Romanticismo tardío. Su obra *Rimas y leyendas* marcó la poesía moderna con un tono íntimo y melancólico.

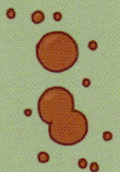

¿QUÉ ES POESÍA?, DICES MIENTRAS CLAVAS EN MI PUPILA TU PUPILA AZUL...

Rosalía de Castro (1837–1885)

Poetisa gallega. Fue clave en el renacer de la literatura gallega con *Cantares gallegos* y una gran voz de la sensibilidad femenina.

❖ El Sexenio Democrático ❖

La Revolución de 1868, también llamada **la Gloriosa**, fue un **LEVANTAMIENTO** liderado por el almirante Topete y los generales Prim y Serrano, que tenía como objetivo implantar un sistema más liberal. Tras su éxito, Isabel II se **EXILIÓ** a Francia con su hijo Alfonso. ¡Así empezaba el Sexenio Democrático!

Tras la Gloriosa, se instauró un gobierno provisional y se elaboró la **Constitución de 1869**. Esta establecía la soberanía nacional, la separación de poderes, el sufragio universal masculino y nuevas libertades (de culto, de reunión, de enseñanza...). ¡Era aún más democrática que la Pepa!

¡TAMBIÉN CREARON LA PESETA, LA MONEDA QUE USABAN TUS ABUELOS!

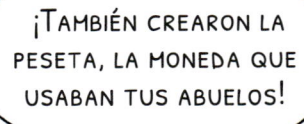

Prim fue nombrado presidente, y Serrano regente. ¿Regente por qué? Porque aún les faltaba... ¡un rey! Prim propuso a **Amadeo de Saboya**, un príncipe italiano, tataranieto de Carlos III, y las Cortes aceptaron.

AUNQUE PRIM FUE ASESINADO POCO DESPUÉS DE QUE SE TOMARA LA DECISIÓN. ¡NO SE SABE SI FUERON LOS REPUBLICANOS, LOS PARTIDARIOS DE ISABEL O EL PROPIO SERRANO, AHORA SU ENEMIGO!

Amadeo I sufrió gran oposición: por un lado, estaban los republicanos, que no querían reyes; por otro, los borbónicos, la Iglesia y los carlistas. La presión fue tal que, harto de tanto lío, Amadeo I **ABDICÓ** en 1873.

 ## La Primera República (1873-1874)

Así, en febrero de 1873, se proclamó la Primera República con **Estanislao Figueras** como presidente. Sin embargo, hubo **FUERTES DIVISIONES** desde el inicio. Por eso surgieron conflictos como la rebelión cantonal, lo que se unía a problemas como la tercera guerra carlista, que estaba en marcha, y el levantamiento en Cuba, que pretendía independizarse. ¡Se sucedieron **cuatro presidentes** en un solo año!

SEÑORES, YA NO AGUANTO MÁS. ¡ME VOY!

¡ESTANISLAO, PERO SI SOLO LLEVAS CUATRO MESES EN EL CARGO!

En enero de 1874, con un país **INGOBERNABLE**, el general **Pavía** entró en el edificio del Congreso y **DISOLVIÓ LAS CORTES** sin resistencia. Durante unos meses, gobernó Serrano, pero finalmente el general Martínez Campos se levantó en armas y puso en el trono a **Alfonso XII**, hijo de Isabel II. Los Borbones volvían a España.

La restauración borbónica

Ya en el trono, el objetivo de Alfonso XII era acabar con la **INESTABILIDAD POLÍTICA** y los **ENFRENTAMIENTOS** entre moderados y progresistas. Para ello, se promulgó la Constitución de 1876, que establecía una **monarquía constitucional**.

La **soberanía** era compartida entre el rey y las Cortes, que se dividían en dos cámaras: Congreso y Senado. ¡Sí, las de hoy! El rey conservaba amplios poderes y el Estado se declaraba **confesional**, es decir, ligado a la Iglesia católica. En cuanto al sufragio, era censitario masculino, aunque luego pasaría a ser **universal masculino**.

ES DECIR, AL PRINCIPIO SOLO UNOS POCOS PODÍAN VOTAR.

¡Y LUEGO YA PODÍAN VOTAR TODOS LOS HOMBRES!

¿PERO Y NOSOTRAS?

Ante esta **DISCRIMINACIÓN**, mujeres como Emilia Pardo Bazán, novelista muy importante, se dedicaron a defender los **derechos de la mujer**.

Durante esta etapa, las cosas **se calmaron** un poco: terminó la tercera guerra carlista y se redujo el conflicto surgido en Cuba en 1868. Mucho de esto fue obra de **Antonio Cánovas del Castillo**, un político conservador. Su objetivo era lograr un sistema estable, sin tanto militar de por medio. Para ello, diseñó el turno pacífico o **turnismo**: un sistema basado en la alternancia en el poder entre dos nuevos partidos.

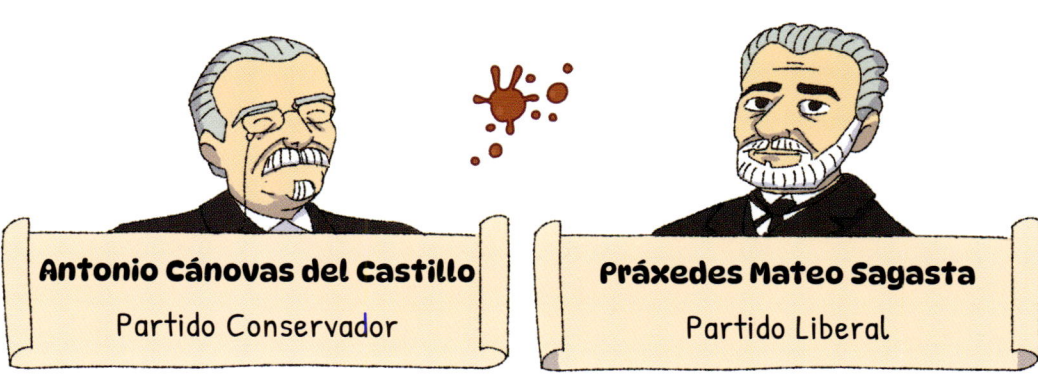

Antonio Cánovas del Castillo

Partido Conservador

Práxedes Mateo Sagasta

Partido Liberal

Pero en España había mucha gente que no había votado nunca ni se había interesado por la política, otros que no estaban de acuerdo con ninguno de los dos partidos principales..., así que a menudo **SE MANIPULABAN** las elecciones para asegurar el turno, dejando fuera a carlistas, republicanos, socialistas... Este sistema garantizó la estabilidad, pero no tenía mucho de democracia real.

O SEA, ¿QUE FALSEABAN LAS ELECCIONES?

El **caciquismo**: En el campo, los caciques (es decir, los que mandaban en la zona) controlaban el voto presionando, amenazando o incluso agrediendo a los campesinos.

El **pucherazo**: En las ciudades, se manipulaban actas, se falsificaban votos o se compraban directamente. ¡Si votabas a uno u otro, te pagaban!

La guerra de Cuba

A finales del siglo XIX, España ya no era el poderoso imperio de antes. Había **PERDIDO**, como ya sabes, la mayoría de sus colonias en América, pero todavía conservaba algunos territorios como **Cuba**, **Puerto Rico** y **Filipinas**.

Cuba llevaba años intentando independizarse, levantándose en **ARMAS** contra el dominio español. Estas luchas ya habían causado una **GUERRA** a mediados del siglo XIX, que más o menos se había resuelto. Pero en 1895 el conflicto se reanudó y entró un nuevo jugador en la partida: Estados Unidos, que tenía **intereses económicos** en la isla.

¡AMÉRICA PARA LOS AMERICANOS!

El momento clave llegó en febrero de 1898, cuando el acorazado estadounidense Maine **EXPLOTÓ** en el puerto de La Habana (Cuba). Aunque no se sabía con certeza quién causó la explosión, la prensa en Estados Unidos culpó rápidamente a España. Esto provocó un gran enfado en la opinión pública, y el gobierno estadounidense declaró la guerra a España.

HOY EN DÍA SE CREE QUE LO DEL MAINE SOLO FUE UN ACCIDENTE, PERO...

¡LA PRENSA ASEGURABA QUE HABÍA SIDO UNA MINA ESPAÑOLA!

Así comenzaba la **guerra hispano-estadounidense**, que fue breve: duró solo unos meses. Las fuerzas de Estados Unidos, con una flota grande y moderna, vencieron rápidamente a las tropas españolas en Cuba, Puerto Rico y también al otro lado del Pacífico, en Filipinas. ¿Cómo? **ALIÁNDOSE** con los movimientos independentistas de esas zonas.

En diciembre de 1898, España tuvo que firmar el **Tratado de París**, poniendo fin al conflicto y **CEDIENDO** sus últimas grandes posesiones: Cuba obtuvo su independencia, aunque bajo fuerte influencia de EE. UU., mientras que Puerto Rico, Filipinas y Guam pasaron a ser territorios estadounidenses.

EN FILIPINAS UNOS SOLDADOS ESPAÑOLES SE NEGARON A RENDIRSE Y SE QUEDARON SITIADOS EN UNA IGLESIA DURANTE CASI UN AÑO. ¡SE CONVIRTIERON EN UNA LEYENDA!

¡SOMOS LOS ÚLTIMOS DE FILIPINAS!

Esta **DERROTA** marcó el fin del imperio español y fue un duro golpe para el país. En cambio, para Estados Unidos fue el comienzo de su **expansión** como potencia mundial.

Crisis del 98 y los nacionalismos

Tras perder Cuba, Filipinas, Puerto Rico y Guam en 1898, España vivió una **GRAN CRISIS**. Los ciudadanos se sentían decepcionados con el sistema, ya que lo único que quedaba del gran **imperio español** de antaño eran unos pocos territorios en el norte de África... ¿Qué había pasado? ¿Cómo era posible que se hubieran perdido estas preciadas islas de América y Asia con tan poca resistencia?

Una ola de desengaño recorrió el país, ya que España había dejado de ser, definitivamente, una **nación importante** a nivel mundial.

En ese contexto aparecieron los **nacionalismos**, sobre todo en Cataluña y el País Vasco. En estas regiones, había un fuerte sentimiento de identidad cultural, con lengua, historia y costumbres propias. Muchas personas empezaron a defender la idea de tener más autonomía o incluso de formar un país independiente.

La generación del 98

En esta España pesimista, surgió un movimiento literario preocupado por aspectos sociales y políticos. Exploraron el significado de la identidad española en su cultura, lengua, historia, paisajes...

Miguel de Unamuno (1864-1936). Maestro de la generación, destacó por su obra literaria y filosófica. En su novela *Niebla*, ¡se metió a sí mismo en la historia, hablando con su protagonista!

Ramón María del Valle-Inclán (1866-1936). Creó un concepto literario llamado «esperpento» para mostrar situaciones trágicas. ¡En sus obras aparecían personajes grotescos!

Carmen de Burgos (1867-1932). Escritora y periodista, luchó por el voto femenino, la educación y la igualdad. Fue pionera en el periodismo y escribió sobre temas sociales.

Pío Baroja (1872-1956). Estudió Medicina, pero acabó convirtiéndose en uno de los novelistas más importantes de su época, con obras como *El árbol de la ciencia*.

José Martínez Ruiz, Azorín (1873-1967). Destacó por ser un gran narrador, y cultivó también el periodismo y la crítica literaria.

Antonio Machado (1875-1939). Fue uno de los poetas más importantes, con obras inmortales como el poemario *Campos de Castilla*.

Juan Ramón Jiménez (1881-1958). Fue un escritor muy influyente para las generaciones posteriores. ¡Consiguió el premio Nobel de Literatura en el año 1956!

¡NO TODO ERA PESIMISMO! EN ESAS FECHAS, EN ESPAÑA TAMBIÉN HUBO ARQUITECTOS MODERNISTAS COMO ANTONI GAUDÍ O PINTORES IMPRESIONISTAS COMO JOAQUÍN SOROLLA.

ME ENCANTA LA SAGRADA FAMILIA. ¡QUÉ GANAS DE VERLA TERMINADA!

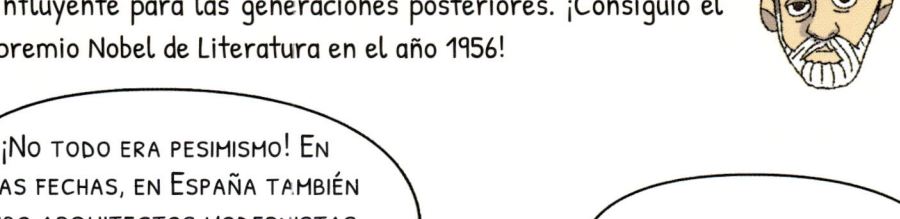

MEJOR ESPERA SENTADO.

 # La crisis de la Restauración

Tras la prematura muerte de Alfonso XII en 1885, su esposa **María Cristina** tuvo que ser **regente** durante la infancia de su hijo, hasta que en 1902 fue coronado como **Alfonso XIII**.

Para entonces, el país estaba en **CRISIS**. Ya nadie se fiaba del turnismo de la Restauración y, además, el movimiento obrero crecía.

Gracias a la **industrialización** del País Vasco y Cataluña, se habían creado grandes fábricas en las que se juntaban cientos de obreros. Y claro, al hablar unos con otros, se daban cuenta de que sus quejas eran las mismas, así que se unían para pedir más derechos. En ciudades como Barcelona hubo huelgas y disturbios, mientras que grupos anarquistas cometían actos de terrorismo.

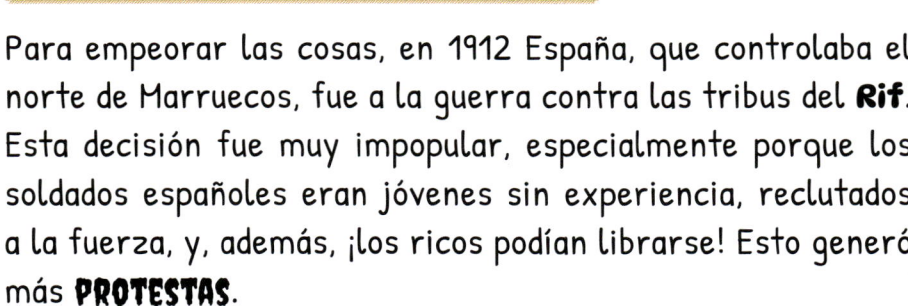

UN ANARQUISTA INCLUSO INTENTÓ ASESINAR AL REY EL DÍA DE SU BODA.

Para empeorar las cosas, en 1912 España, que controlaba el norte de Marruecos, fue a la guerra contra las tribus del **Rif**. Esta decisión fue muy impopular, especialmente porque los soldados españoles eran jóvenes sin experiencia, reclutados a la fuerza, y, además, ¡los ricos podían librarse! Esto generó más **PROTESTAS**.

Uno de los episodios más trágicos de esta guerra fue el desastre de Annual, sucedido en 1921.

¡Murieron miles de soldados!

La dictadura de Primo de Rivera

Aprovechando el descontento social, en 1923, el general Miguel Primo de Rivera dio un **GOLPE DE ESTADO** con el apoyo del rey (aunque no está claro si lo apoyó por convicción o por miedo). Así comenzaba una **DICTADURA MILITAR**.

Primo de Rivera impulsó obras públicas y trató de reducir los conflictos sociales, que suena bien, pero también prohibió partidos políticos, censuró la prensa y reprimió a los que le criticaban. Y, por supuesto, mandó la Constitución de 1876 a la porra.

Logró acabar la guerra en Marruecos.

Al fin algo de paz.

No obstante, con el tiempo la situación económica empeoró y, viéndose sin apoyos, Primo de Rivera **dimitió** en 1930. Su dictadura no había resuelto los problemas y había debilitado aún más a la monarquía, lo que llevó a un cambio histórico: la proclamación de la **Segunda República**.

La Segunda República

El 12 de abril de 1931 se celebraron unas **elecciones municipales** que fueron vistas como un referéndum entre monarquía y república. Al ganar los republicanos en las principales ciudades, el rey Alfonso XIII **ABANDONÓ** España, y el **14 de abril** se proclamó la Segunda República.

El gobierno provisional, presidido por **Niceto Alcalá-Zamora**, que había sido ministro con Alfonso XIII, decretó libertades básicas, como la libertad de culto y de prensa. Y en junio se celebraron elecciones para formar las Cortes, que dieron una clara mayoría a la alianza entre republicanos y socialistas. ¡Los conservadores sufrieron una **GRAN DERROTA**!

¡DURANTE ESTE PERÍODO, HUBO GRUPOS RADICALES QUE QUEMARON CONVENTOS!

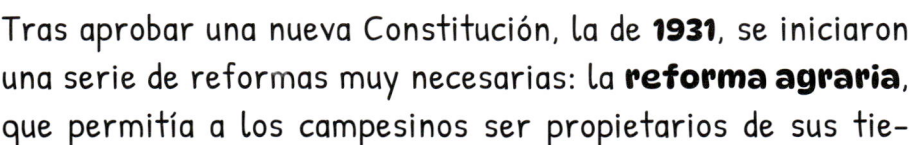

Tras aprobar una nueva Constitución, la de **1931**, se iniciaron una serie de reformas muy necesarias: la **reforma agraria**, que permitía a los campesinos ser propietarios de sus tie-

LA PRINCIPAL DEFENSORA DE ESTO FUE LA DIPUTADA CLARA CAMPOAMOR.

rras; las reformas **educativas**, y la legalización de derechos como el divorcio o uno de los más decisivos: el **voto femenino**. ¡Por fin las mujeres podían votar!

❖ Revolución y crisis ❖

Pero las cosas se complicaron enseguida. En 1933, una coalición de derechas ganó las elecciones y frenó algunas leyes, como la Agraria. ¿Cómo? ¿De nuevo se perdían derechos? Los ciudadanos de izquierdas sintieron que se estaba traicionando el espíritu de la República, y se produjeron **ALTERCADOS** y **MOVIMIENTOS REVOLUCIONARIOS** como el de 1934 en Asturias, que fue reprimido por el Gobierno con extrema dureza, o el levantamiento en Cataluña, que se declaró como Estado independiente dentro de la República Federal Española.

Finalmente, el Gobierno cayó entre acusaciones de corrupción y con mucha tensión en las calles. En **1936** hubo unas nuevas elecciones y ganó una agrupación de izquierdas, el Frente Popular, pero la situación era ya insostenible: rumores de un alzamiento militar, atentados y violencia en las calles entre grupos de derechas e izquierdas…, incluido el asesinato de uno de los líderes de la derecha, José Calvo Sotelo. Finalmente, en julio de 1936, llegó el golpe de Estado y, con él, **la Guerra Civil**.

La Edad de Plata de la cultura

Entre finales del siglo XIX y el inicio de la **GUERRA CIVIL** en 1936, España vivió una etapa muy brillante en ciencia, literatura, arte y música, conocida como la **Edad de Plata**. Podría decirse que empezó con los intelectuales de la generación del 98, a los que ya conoces, pero la cosa no había hecho más que empezar.

Aparecieron los autores de la **generación del 14** o del novecentismo, que querían modernizar España. Entre ellos, destaca el filósofo Ortega y Gasset, así como los intelectuales Eugenio d'Ors, María Zambrano y Gregorio Marañón o el escritor vanguardista Ramón Gómez de la Serna, que aportó obras originales y muy ingeniosas.

Más tarde surgió la **generación del 27**, con poetas como Federico García Lorca, Rafael Alberti, Luis Cernuda, Concha Méndez o Pedro Salinas, que trataron temas como el amor, la muerte o el destino.

LA OBRA DE LORCA ABARCABA DESDE LA POESÍA HASTA LA PINTURA, PASANDO POR EL TEATRO.

¡SU ASESINATO DURANTE LA GUERRA CIVIL FUE TODA UNA TRAGEDIA!

En el ámbito de la pintura y la escultura también hubo grandes artistas que seguimos admirando hoy en día. ¡Seguro que te suenan Picasso, Miró o Dalí, que popularizaron movimientos artísticos como el **cubismo** y el **surrealismo**! También destacaron Maruja Mallo y Remedios Varo, miembros del grupo conocido como las Sinsombrero.

LA MÚSICA BRILLÓ GRACIAS A LAS ZARZUELAS.

FALLA Y ALBÉNIZ FUERON DOS DE LOS GRANDES.

En ciencia, la Junta de Ampliación de Estudios ayudó a muchos investigadores a formarse en el extranjero. **Santiago Ramón y Cajal**, uno de los mejores científicos españoles de la historia, recibió el Premio Nobel de Medicina.

ADEMÁS, FUE UN GRAN DIBUJANTE.

¡Y ESTABA MUY FUERTE!

Este gran momento cultural se interrumpió con la **GUERRA CIVIL**, que obligó a muchos artistas e intelectuales a **EXILIARSE** para no volver jamás o ya en su vejez.

La Guerra Civil (1936-1939)

El 17 de julio de 1936, un sector del Ejército liderado por el general Mola se **SUBLEVÓ** en Marruecos contra el Gobierno de la República. Y el 18 de julio esta sublevación se extendió por la península, aunque en zonas como Cataluña, Madrid, Valencia, Andalucía oriental o Murcia se mantuvo la legalidad republicana. ¡El país había quedado dividido en dos! Así empezaba la **Guerra Civil**.

Bando nacional o sublevado	Bando republicano
Líder: el general Mola y, tras su muerte en 1937, el general Franco.	**Líderes**: Manuel Azaña, presidente de la República; Largo Caballero y Juan Negrín, presidentes del Gobierno.
Querían imponer valores **conservadores**: obligatoriedad del catolicismo, moral tradicional, anticomunismo…	Querían **preservar** los valores de la República: derecho a voto, libertad de culto…
Proclamaban una República tradicionalista, incluso **fascista** (aunque lo de República no lo acabarían cumpliendo).	Estaban muy **divididos** (una parte quería llevar a cabo una revolución proletaria).

En agosto, las potencias internacionales formaron un **Comité de No Intervención**, para no participar en el conflicto. ¡Pero no siempre se cumplió! El **general Franco** recibió soldados y armamento de Italia y de Alemania (ambos con regímenes fascistas, con Mussolini y Hitler), mientras que los republicanos recibieron ayuda de la Unión Soviética, por sus simpatías hacia el comunismo. Todo esto hizo que el conflicto fuese **MÁS GRAVE AÚN**.

TAMBIÉN ACUDIERON LAS BRIGADAS INTERNACIONALES, QUE ERAN VOLUNTARIOS EXTRANJEROS A FAVOR DE LA REPÚBLICA.

Durante tres años, se libraron durísimas batallas, con **EJECUCIONES** y una **BRUTAL REPRESIÓN**. Incluso hubo **BOMBARDEOS**. El más conocido fue el de Guernica, llevado a cabo por la Legión Cóndor alemana.

FUE INMORTALIZADO POR PICASSO EN SU FAMOSO CUADRO.

Peligro: ¡Reclutamiento forzoso!

SEGÚN LA ZONA EN QUE ESTÉS, PUEDEN RECLUTARTE A LA FUERZA. ¡TENDRÁS QUE PELEAR CONTRA GENTE DE TU PROPIO PAÍS!

La **superioridad** del ejército sublevado, gracias al apoyo alemán e italiano, y las **discrepancias internas** del bando republicano decidieron el resultado. El **1 de abril de 1939**, tras haber entrado por fin en Barcelona y Madrid, Franco proclamó su **VICTORIA**.

Había muerto **MEDIO MILLÓN DE PERSONAS**, y miles de españoles se **EXILIARON**, en algunos casos para siempre.

 # El franquismo

Tras ganar la guerra, **Francisco Franco** se convirtió en **DICTADOR** de España e impuso su **ideología conservadora**, resumida en los «principios del Movimiento». Según estos, había que ser católico, casarse y tener hijos… Es decir, creó una **DEFINICIÓN RÍGIDA** de «lo español».

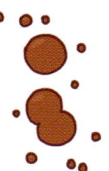

> Para cumplirlo, se estableció un **régimen autoritario**: no había elecciones libres y se prohibieron los partidos políticos. También se censuraban los medios de comunicación, y se castigaba a quienes se oponían, encarcelando a miles de personas y llegando a fusilar hasta a 50 000. ¡No había lugar para nada contrario al Régimen!

Así, se esfumaron muchos derechos: la democracia dejó de existir, la situación de las mujeres empeoró y cuestiones culturales como las otras lenguas de España fueron reprimidas.

NACIERON GRUPOS VIOLENTOS QUE, A LA LARGA, SE CONVIRTIERON EN BANDAS TERRORISTAS.

ENTRE ELLOS, EL FRAP (FRENTE REVOLUCIONARIO ANTIFASCISTA Y PATRIOTA) Y ETA (EUSKADI TA ASKATASUNA).

Al principio, Franco tuvo que gobernar un país devastado por la guerra y aislado del mundo, sobre todo tras la derrota de

¡TENGO HAMBRE!

sus amigas Alemania e Italia en la Segunda Guerra Mundial. España no podía comerciar con el extranjero, así que se las tuvo que arreglar con lo que ella misma cosechaba y producía: lo que se llama **autarquía**.

Pero a finales de los años 50 se abordó el **Plan de Estabilización**, que logró reconstruir la industria española. Así surgió una clase media con mejores salarios, y el país se abrió al mundo con la llegada de miles de turistas. España se estaba modernizando, ¡aunque solo en lo económico!

EN LO POLÍTICO, TODO SEGUÍA IGUAL. ¡REPRESIÓN!

¡VEN AQUÍ, MELENUDO!

POLICÍA

Ya en su vejez, Franco eligió a dos hombres para sucederlo: el príncipe **Juan Carlos**, nieto de Alfonso XIII, que sería rey, y su mano derecha, **Luis Carrero Blanco**, que sería presidente del Gobierno.

Pero el franquismo se debilitaba con más **HUELGAS**, **PROTESTAS** y **TERRORISMO**, tanto que ETA asesinó a Carrero Blanco en 1973. Y, con un Franco moribundo, comenzó la **Marcha Verde**, en la que Marruecos se apoderó de la provincia que España tenía en el Sáhara. Estos fueron los últimos momentos clave del franquismo, que acabó con la muerte del dictador en **1975**.

 # La transición

Tras la **MUERTE** de Franco, Juan Carlos I fue proclamado rey y comenzó lo inevitable: el paso de la dictadura hacia la **democracia**. ¡El franquismo no daba para más!

Era una época de crisis económica y huelgas, y a este malestar hay que añadir el **TERRORISMO** de izquierdas, como el de ETA y el GRAPO, y de derechas, como el Batallón Vasco Español o Triple A, que protagonizaron todo tipo de secuestros, atentados y asesinatos.

Tras la dimisión de un primer gobierno provisional, el rey nombró presidente a **Adolfo Suárez**. Este había sido un hombre del franquismo, pero tenía voluntad reformista y con él comenzaron los cambios.

Primero se hizo un referéndum en 1976, en el que se votó la organización del Estado: se aprobó como **monarquía parlamentaria**.

ESO SIGNIFICA QUE EL JEFE DEL ESTADO ES EL REY...

... Y EL PARLAMENTO (O CONGRESO) Y EL SENADO HACEN LAS LEYES.

SENADO

El siguiente paso fue **legalizar los partidos**, ¡todos! De izquierdas, como el **PSOE** (Partido Socialista Obrero Español) o el Partido Comunista de España (**PCE**); nacionalistas, como el Partido Nacionalista Vasco (**PNV**)... Y surgieron otros nuevos, como la Unión de Centro Democrático (**UCD**), fundada por el propio Suárez, o Alianza Popular, fundada por antiguos ministros franquistas y que más tarde se convertiría en el Partido Popular (**PP**). ¿A que te suenan casi todos?

ESTO NO HIZO MUCHA GRACIA A CIERTO SECTOR DEL EJÉRCITO Y DE LA SOCIEDAD.

¿COMUNISTAS? ¡NI HABLAR!

Así, en 1977 se celebraron las primeras elecciones democráticas, en las que la UCD, el partido de Suárez, fue el más votado. Su gobierno, basado en el consenso, sentó las bases del sistema actual y culminó con el referéndum en el que se votó la **Constitución de 1978**. ¡La que ahora sigue en vigor!

EN TOTAL SE FIJARON 17 COMUNIDADES, Y DOS CIUDADES AUTÓNOMAS: CEUTA Y MELILLA.

La España de la democracia

Con la democracia ya más o menos consolidada, en **1979** se convocaron las **segundas elecciones generales** (se eligió de nuevo a Suárez como presidente) y las primeras municipales. La democracia había llegado a pueblos y ciudades, y los ciudadanos podían **votar** a su alcalde.

No obstante, en este segundo mandato, Suárez fue perdiendo apoyos hasta que en 1981 **DIMITIÓ**, dejando paso a Leopoldo Calvo-Sotelo, de su mismo partido. Pero en su investidura, un 23 de febrero, se produjo... ¡un nuevo **GOLPE DE ESTADO** militar!

Finalmente, **Calvo-Sotelo** gobernó como presidente, pero, incapaz de llegar a acuerdos en el Congreso, también dimitió. En las nuevas elecciones generales de 1982, el PSOE llegó al poder con **Felipe González**, con una enorme mayoría, y la democracia se estabilizó.

Pese al **TERRORISMO** siempre presente y alguna que otra crisis económica, España se fue integrando en las grandes organizaciones internacionales: la **OTAN**, la alianza militar más importante de Occidente; la Unión Europea... Otro gran paso fue acoger en 1992 dos actos clave: la **Exposición Universal de Sevilla** y los **Juegos Olímpicos de Barcelona**. ¡España se convertía en el centro de las miradas!

En estos años nacieron los canales de televisión privados y nuestro tren más famoso, el **AVE**, pero también hubo **ESCÁNDALOS** que salpicaron al Gobierno de Felipe González; sobre todo, los relacionados con la **CORRUPCIÓN** y la **GUERRA SUCIA** contra ETA. Con la excusa de luchar contra el terrorismo, ¡el Gobierno se estaba saltando la ley!

PARA ESO CREARON LOS GRUPOS ANTITERRORISTAS DE LIBERACIÓN (GAL). ¡AUNQUE LO QUE HACÍAN TAMBIÉN SE LLAMABA TERRORISMO, TERRORISMO DE ESTADO!

En este ambiente, con **José María Aznar** a la cabeza, el Partido Popular ganó las elecciones de 1996, aunque apoyándose en partidos nacionalistas, y ya en el 2000 continuó en el Gobierno con amplia mayoría, coincidiendo con una época de **gran crecimiento económico**. ¡El siglo XXI estaba aquí!

PERO NO CREAS QUE EL ESPLENDOR IBA A DURAR...

◆ El siglo XXI ◆

El primer hito del siglo XXI fue adoptar el **euro**, la moneda de la Unión Europea. ¡Adiós a la **peseta**!

Pero también hubo **PROBLEMAS**. En 2003, el Gobierno decidió participar en la guerra de Irak, pese al rechazo de la población; y, como represalia, el **11 de marzo de 2004** se produjo un **ATENTADO** yihadista en Madrid.

Esto hizo que el PP perdiese las elecciones y el PSOE volviera a gobernar, con José Luis Rodríguez Zapatero. Durante su mandato, se aprobaron leyes como la del **matrimonio homosexual** y la de **violencia de género**. Y en 2011 **¡ETA anunció su disolución!** Pero venían curvas: la crisis económica mundial de 2008 fue **CATASTRÓFICA**. Trajo paro, deudas... Y la cosa continuó con el regreso al Gobierno del PP, con Mariano Rajoy.

Como te habrás dado cuenta, el PSOE y el PP llevaban décadas turnándose en el poder, pero seguía habiendo problemas (y **CORRUPCIÓN**). Así que pronto surgieron **nuevos partidos**. Desde entonces, el PSOE y el PP han tenido que pactar con ellos para poder gobernar y hay más pluralidad.

¡Y ESTO NO ES TODO! EN 2017 HUBO UNA CRISIS TERRITORIAL EN CATALUÑA Y, EN 2020, LA PANDEMIA DEL COVID, QUE SEGURO QUE TE SUENA.

¿TODO ESTO EN UNA DÉCADA? ¡ME ESTOY DEPRIMIENDO!

Retos del presente y del futuro

Hoy en día, España se enfrenta a una serie de retos. ¡Y a ti te tocará vivirlos!

Envejecimiento: España tiene una de las tasas de natalidad más bajas del mundo. De hecho, hay más ancianos que niños, y muchos viven en soledad...

Despoblación: En las ciudades hay mejores oportunidades y los pueblos se están quedando sin hospitales y escuelas. Por eso mucha gente se ha tenido que marchar, sobre todo del interior de la península. ¡Es lo que se llama la España vacía!

Precio de la vivienda: Los precios de compra y alquiler se han disparado, en muchos casos para hacer negocio. ¡Es el gran problema de los jóvenes!

Degradación de servicios públicos: La sanidad, el transporte o la educación llevan años de deterioro por mala gestión o escasa financiación. ¡Protegerlos es vital para todos!

La mentira: Las redes sociales y los medios de comunicación son terreno abonado para la manipulación, las noticias falsas y, en definitiva, la mentira. ¡La idea de verdad está en peligro!

POR ESO ES IMPORTANTE TENER CONCIENCIA CRÍTICA.

Capítulo V

Nuestro legado en el mundo

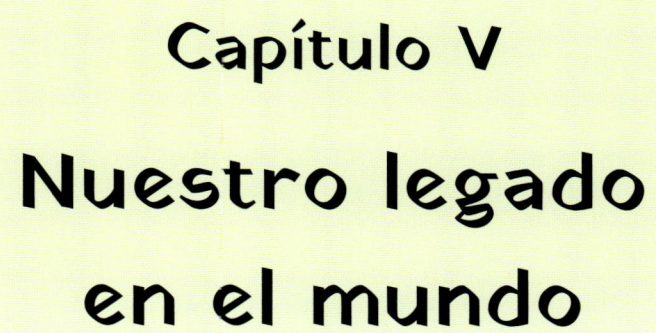

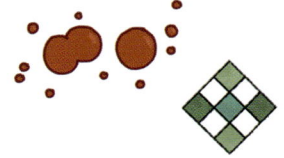  

Nuestro legado

Como has visto, la historia de nuestra tierra abarca **miles de años**: desde los primeros humanos, pasando por la Antigüedad y los reinos medievales, hasta la era de las revoluciones y el mundo de hoy. Y, durante todo este tiempo, nuestros antepasados han conocido culturas, religiones y gobiernos distintos. ¡Y los que nos quedan!

Todo este legado de España no es solo para ti, también para el mundo. Y lo mejor es que, como has **SOBREVIVIDO**, sabrás reconocerlo a la legua, ¿a que sí?

- **Exploración**: Gracias a expediciones como las de Colón o Elcano y Magallanes, se abrieron nuevas rutas que conectaron el mundo entero, y los europeos llegaron a América, un continente que no conocían. Por fin, los mapas mostraban el globo completo.

- **Catolicismo**: Si la religión católica está tan extendida hoy en día, es en parte por el legado hispano, ya que la llevó a los lugares conquistados.

- **Lengua**: También por este motivo, el español es el cuarto idioma más hablado del mundo. ¡Es el idioma oficial en 21 países! Y la península ha conseguido preservar más idiomas que le dan una gran riqueza cultural, como el catalán, el gallego y el euskera.

- **Literatura**: Grandes escritores, como Lope de Vega, Quevedo, Calderón, Juan Ramón Jiménez, Machado, Bécquer, Galdós, Clarín, Unamuno o Lorca son autores universales. ¡Cervantes incluso creó la novela moderna!

- **Arte**: Monumentos como la Alhambra o la Sagrada Familia son testigos de nuestra historia. ¡Y qué decir de artistas como Velázquez, Goya, Dalí o Picasso, muy influyentes en el arte posterior!

- **Cultura**: La música, las danzas y todo tipo de fiestas populares españolas son a día de hoy considerados patrimonio inmaterial de la humanidad. ¡Miles de personas nos visitan para disfrutar de ellas!

- **Historia, ciencia y tecnología**: España ha contribuido al conocimiento universal: desde los grandes descubrimientos de Atapuerca a premios Nobel como Santiago Ramón y Cajal o Severo Ochoa, pasando por la cartografía y las técnicas de navegación.

¡ENHORABUENA, SUPERVIVIENTE!

Ahora que ya sabes los trucos para sobrevivir, puedes empezar este viaje por tu historia. Toma tu *Quijote* para el camino, súbete al barco y prepárate para conquistar el pasado y, si eres capaz, el futuro. **¡La historia de España te espera!**

¿Te has quedado con ganas de más?

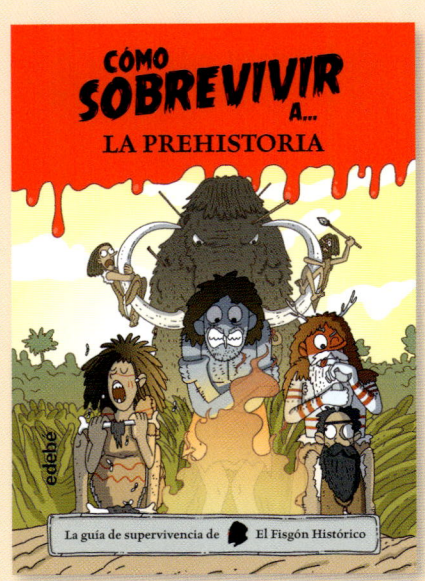

CÓMO SOBREVIVIR A... LA PREHISTORIA

La guía de supervivencia de El Fisgón Histórico

CÓMO SOBREVIVIR A... LA ANTIGUA ROMA

La guía de supervivencia de El Fisgón Histórico

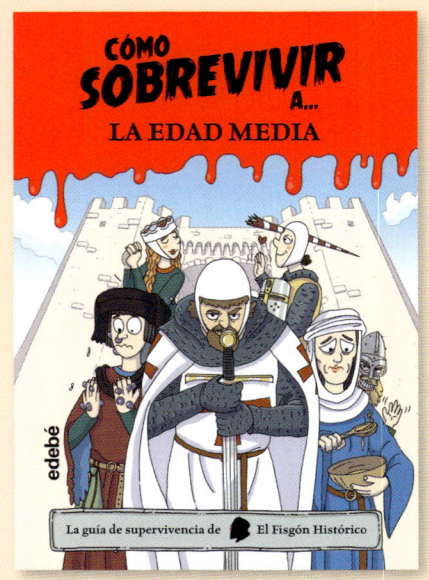

CÓMO SOBREVIVIR A... LA EDAD MEDIA

La guía de supervivencia de El Fisgón Histórico

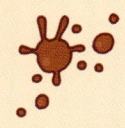

¡Descubre toda la colección!

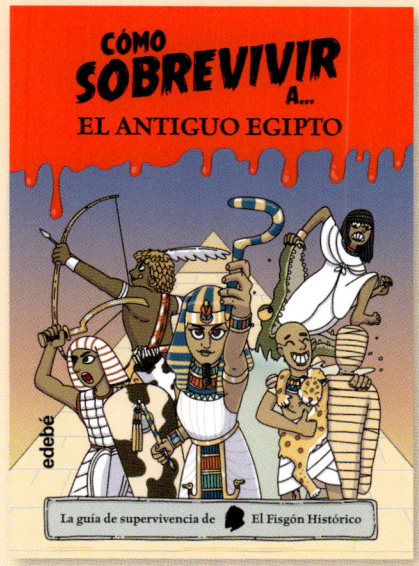

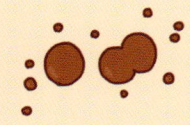